中国名镇志文化工程
Culture Project of Local Records of China's Famous Towns
中国名镇志丛书

U0861492

石杨镇志

LOCAL RECORDS OF SHIYANG

安徽省和县石杨镇志编纂委员会　编

方志出版社
Publishing House of Local Records

图书在版编目（CIP）数据

石杨镇志 / 安徽省和县石杨镇志编纂委员会编 . — 北京 : 方志出版社，2022.9

（中国名镇志丛书）

ISBN 978-7-5144-5103-0

Ⅰ. ①石… Ⅱ. ①安… Ⅲ. ①乡镇–地方志–和县 Ⅳ. ① K295.45

中国版本图书馆 CIP 数据核字（2022）第 058161 号

责任编辑：范静
责任校对：刘玉霞
责任印制：赵楚
出 版 者：方志出版社
地　　址：北京市朝阳区潘家园东里 9 号（国家方志馆 4 层）
邮　　编：100021
网　　址：http://www.zgfzcb.cn
发　　行：方志出版社图书营销中心（010–67110500）
印　　刷：北京中科印刷有限公司
开　　本：787 毫米 ×1092 毫米　1/16
印　　张：18.5
字　　数：339 千字
版　　次：2022 年 9 月第 1 版
印　　次：2022 年 9 月第 1 次印刷
定　　价：114.00 元

序一

习近平总书记指出："不忘历史才能开辟未来，善于继承才能善于创新……只有坚持从历史走向未来，从延续民族文化血脉中开拓前进，我们才能做好今天的事业。"中国优秀传统文化是在漫长的历史长河中历经无数次涤荡和沉淀而形成的思想精髓，蕴藏着无穷的宝藏和无尽的力量。发掘和继承优秀传统文化，是延续中华文明"根"与"魂"的必由之路。与时俱进，推动传统文化不断开拓创新，是中华文明常葆勃勃生机的重要保证。

"国有史，邑有志。"编修地方志是中国特有的文化现象，是中华民族的优秀文化传统。数千年来，连绵不断的志书编修为保护中华民族根脉，传承中华文明发挥了不可替代的作用。中国现存古志有 8000 余种，占现存古籍的十分之一。中华人民共和国成立以来，编修完成数万种省、市、县三级综合性行政区域志、部门志、行业志、专志等，编纂数万种地方综合年鉴、行业年鉴和专门年鉴等，整理出版数千种历代方志及相关研究成果，发表相当数量的方志理论与年鉴理论研究成果。这既是对我国国情、地情持续开展的大规模普遍调查，也是对各地自然与社会发展状况进行的综合研究，其成果构成了一座丰富的文化资源宝藏，为各级领导科学决策提供了重要参考，为推动经济社会发展和文化建设发挥了重要作用。

当前，中国特色社会主义进入新时代，全国地方志事业也进入新时代。如今的地方志事业围绕党和国家利益、经济社会发展，以人民为中心开拓创新，志、鉴、馆、史"四驾马车"并驾齐驱，志、鉴、馆、网、库、用、会、刊、研、史"十业并举"，加快实现在全国范围内全面推进地方志从一项工作向一项事业转型升级。在党中央、国务院的亲切关怀和各级地方志工作者的共同努力下，一批紧密结合社会发展需求、具有独特创造性的工作逐步开展，涵盖中国名镇志、中国名村志、中国名山志、中国名水志、中国名街志等"名志"系列文化工程是其中代表。作为首个"名志"系列文化工程的中国名镇志文化工程，启动于 2015 年，至今已是第三个年头。中国名镇志丛书在记述主体上，选择中国历史文化名镇、经济强镇、特色镇等在全国具有影响力和代表性的乡镇，旨在全面展示中国名镇的文化精髓；在内容题材选择上，重在突出不同名镇的“名”和“特”，力求集中体现不同名镇最精彩的部分，增强可读性；在志书编纂程序设置方面，志书申报、篇目设计、专家审读、专家组验收等流程环环相扣，紧密结合，力争把每一部志书都打造成精品佳志。

习近平总书记指出：“历史和现实都表明，一个抛弃了或者背叛了自己历史文化的民族，不仅不可能发展起来，而且很可能上演一场历史悲剧。”2018 年是改革开放 40 周年，40 年来中华大地发生了翻天覆地的变化，乡镇发生了极为深刻的改变，从粗茶淡饭到有机食品，从粗布衣裙到精美时装，从土屋平房到高楼大厦，人民生活水平大大提高，城乡差距不断缩小。然而，在感受辉煌成就的同时，我们也应该看到，许多精巧的古建、精湛的工艺、亲切的乡音、独特的乡俗也在快节奏的发展中与我们渐行渐远，曾经的家乡正逐渐变为记忆中的故园。

党的十九大报告提出乡村振兴战略，此后党中央、国务院又推出一系列重大举措。实施乡村振兴战略，必须全面加强乡村文化建设，培养乡村文化自信，培植文化之“根”，铸牢文化之“魂”。没有乡村文化的高度自信，没有乡村文化的繁荣发展，就难以实现乡村振兴的伟大使命。振兴乡村文化，既要塑形，更要铸魂，必须遵循乡村发展的客观规律，在发展中把文化的精髓保留下来，把乡土味道、乡村风貌的“魂”传承下去。在保留优秀乡村文化内核的基础上，用现代表现方式，把反映时代精神、先进理念的内容通过群众喜闻乐见的文化产品表达出来，才能够让乡土文化具有更强大的生命力。用创新性的模式书写乡镇志，传承和抢救乡土历史文化，激发爱国爱乡情怀，为探索中国特色新型城镇化发展经验、发展模式、发展道路提供历史智慧和现实借鉴，正是实施中国名镇志文化工程的目的和意义所在。

“月是故乡明”。中国人素有“家国情怀”，家乡的山水是最为美丽的，家乡的风俗是充满温暖的，一声亲切的乡音，一口熟悉的家乡菜，都能拨动游子的心弦，让其魂牵梦萦。中国名镇志丛书是一套全面梳理中国名镇历史人文，挖掘文化特色，突出“名”和“特”的镇志。它能让人民群众深刻感受到本土本乡自然的优美、历史的醇厚、人物的杰出、艺文的风雅等，有助于培养人民群众对家乡文化的自信，激发起人民群众浓烈的爱乡爱国情怀，助力国家新型城镇化建设和乡村振兴战略的实施。

是为序。

中国社会科学院原院长
中国地方志指导小组原组长　谢伏瞻

序二

连绵不断地编修地方志是我国特有的文化传统，为传承中华文明作出了巨大的贡献。在党中央、国务院的高度重视和支持下，这一古老的文化传统焕发勃勃生机，展现新的活力，成为保存、继承、发扬光大中华优秀传统文化的重要依托，培育和践行社会主义核心价值观的重要媒介，社会主义先进文化建设的重要组成部分，发展中国特色社会主义，增强道路自信、制度自信、理论自信的重要载体，在实现“两个一百年”奋斗目标和中华民族伟大复兴中国梦进程中具有不可替代的地位和作用。

事物总是在不断发展中前进。经过改革开放以来30余年的发展，中国特色地方志事业与传统的编修地方志已不可同日而语，形成了志（志书）、鉴（年鉴）、库（地情数据库）、馆（方志馆）、网（地情网站）、刊（期刊）、会（学会）、研（理论研究）、用（开发利用）等多业并举的新格局。截至2015年10月底，全国编纂完成首轮、二轮省、市、县志书8000多种，编修部门志、行业志、专业志、乡镇村志27000多种，编纂地方综合年鉴2300多种，累计整理旧志2500多种，还编纂出版了大量的地情书，字数以百亿计，形成以反映国情、地情为主要内容，全面系统、持续不断、卷帙浩繁的社会科学成果群。另外，还开通了27个省级网站、230个市级网站、816个县级网站；建成国家方志馆1个、省级方志馆16个、市级方志馆86个、县级方志馆近300个。这些成果，成为国家极为重要的文化资源，是国家文化软实力和公共文化服务体系的重要组成部分。

最近几年，地方志工作的触角在不断延伸，部门志、行业志、专业志、特色志、乡镇村志编纂方兴未艾，成为当前地方志事业发展新的增长点和亮点。特别是乡镇志，兴起了编纂热潮，从自发的民间行为逐渐过渡为政府组织的文化行为，有的省份以政府令形式将其纳入地方志编修范畴，像河南省还以省政府办公厅名义要求全省普修乡镇志。乡镇志并不是一个新生事物，据现有资料可考，宋代常棠所撰《澉水志》是现存最早的一部乡镇志。与省、市、县三级志书相比，乡镇志虽属小志，但意义却不小，特别是在当前国家全力推进新型城镇化建设的背景下，乡镇志的作用更显重要。

启动中国名镇志文化工程，是适应当前新型城镇化建设形势发展需要、地方志事业发展形势需要的重要举措，也是充分发挥地方志存史、资政、育人功能的重要手段。作为最基层行政组织的志书，镇志是最接近中国社会发展变迁的国情、地情记录文本，具有重要的历史文献价值。而作为充分反映本区域自然、政治、经济、文化和社会的历史与现状的资料性文献，镇志又能全面展示发展脉络，摸索发展经验，为探索中国乡镇未来发展方向提供借鉴和参考。当然，对于祖祖辈辈生于斯长于斯的中国人来说，故乡就是一个魂牵梦萦的地方，故乡的情怀终生难忘。留得住乡愁，记得住乡思，充分展示名镇文化魅力，激发爱乡、爱国情怀，正是中国名镇志文化工程题中应有之义。

是为序。

中国社会科学院原院长
中国地方志指导小组原组长 王伟光

序三

“国有史，邑有志”，中国自古就有注重编史修志的传统。按照我国目前地方志行政法规，国家各级地方志机构的法定职责是编纂省、市、县三级志书，并不包括县以下的乡镇志和村志。这种规定，一方面可能因为全国有数百万自然村落和数万乡镇，全部实行官修很难实现；另一方面可能因为我国历史上就有“皇权止于县”的说法，县以下的民间社会历来是一个以自治为主的领域。然而，改革开放几十年来，我国社会正在发生巨变，这种巨变在基层社会的乡镇、村落、家庭领域更为深刻。作为“乡之首，城之尾”的镇，逐渐被日益崛起的大都市淹没了光彩，村落在快速的城镇化过程中每天都在大量消失，农村家庭的小型化、空巢化趋势非常突出。在这种情况下，我一直在思考，如何留得住历史文化记忆和乡愁，如何把修志的工作向基层社会延伸？

中国人的“家国情怀”，是从“诚意、正心、修身”开始，到实现“齐家、治国、平天下”。所以从国家一统志，省、市、县三级志，到乡镇志、村志、家谱，也是一个完整的系统。

正是在这种背景下，我们决定启动中国名镇志文化工程。乡镇是无数中国人生命的底色和成长的摇篮。如何在城镇化进程中，留得住乡愁，记得住乡音，忘不了乡思，事关城镇化进程的人文关怀和文化保护，事关文化血脉的传承。同时，科学记录城镇化进程，反映城镇化成就，也为今后探索城镇化发展规律、积累经验提供了基本素材。作为全面系统记述一定行政区域的自然、政治、经济、文化和社会的资料性文献，志书是以上功能最好的载体。

我国目前有4万多个乡镇，全部修乡镇志还不具备条件。中国名镇志丛书选择的是传统文化名镇、历史军事重镇、革命历史名镇、民族特色名镇、特色经济名镇、旅游景观名镇等类型的乡镇，应该是最具代表性的，在中国乡镇文化传承和社会发展中具有标杆意义。

编纂中国名镇志丛书是对乡土历史文化的保护。随着城镇化进程加快，有不少乡镇被撤并，有些还是在历史上有重要意义的历史文化名镇、特色镇等。如不及时对其历史进行整理、记录，这些重要的历史资料将散佚殆尽。因此，中国名镇志丛书的编纂是对宝贵历史资料的抢救。

编纂中国名镇志丛书是对乡土意识的传承。什么东西有魅力？故乡的山水，乡音乡情的记忆，乡土的气息和家乡菜的味道，不管走到哪里，总是触动心弦。中国名镇志丛书记录的是家乡的山山水水，家乡的历史文化，家乡的风土人情，留住的是乡愁。这些最能激发远方游子和本地民众的爱乡情怀、爱国情怀。

编纂中国名镇志丛书是一种学术探索。镇志的编纂，实质也是一次深入的社会调查研究。“麻雀虽小五脏俱全”，相比省、市、县，乡镇第一手资料的获得需要付出更大的努力。我们也希望在志书编纂上有所创新，使中国名镇志丛书成为一套图文并茂、雅俗共赏的新型志书。

中国社会科学院原副院长
中国地方志指导小组原常务副组长

中国名镇志丛书编纂委员会

中国名镇志丛书编纂委员会办公室

安徽省和县石杨镇志编纂委员会

安徽省和县石杨镇志编纂人员

中国名镇志丛书凡例

一、以马克思列宁主义、毛泽东思想、邓小平理论、“三个代表”重要思想、科学发展观、习近平新时代中国特色社会主义思想为指导，坚持辩证唯物主义和历史唯物主义的立场、观点和方法，存真求实，全面、客观、系统记述中国名镇城镇化进程和改革开放成果，反映小康社会建设过程，传承和抢救乡土历史文化，激发爱国爱乡情怀，留住乡愁，为探索中国特色新型城镇化建设、服务乡村振兴战略提供历史智慧和现实借鉴。

二、为全面反映入志事物发展脉络，各志上限尽量追溯至事物发端，下限一般断至各志启动编修年份，个别重大事项可延至搁笔。详今明古，着重反映时代特色和地方特点，重点体现各镇的“名”与“特”。

三、记述地域范围以下限年份的行政辖区为主。为体现名镇在更大区域内的意义，可以从更开阔的区域视野记述与该镇相关的内容。

四、统一采用纲目体，设类目、分目、条目三个层次。横排门类，纵述史实，述而不论。

五、综合运用述、记、志、传、图、表、录等体裁，以志体为主。体裁运用适当创新，篇目设置不求面面俱到。

六、除引用文字和附录文献资料外，统一使用规范的现代语体文记述，行文力求朴实、严谨、简洁、流畅、优美，可读性强。

七、人物部类遵循“生不立传”原则，人物传主按生年排序，只选录对本镇发展有重大影响的人物，不面面俱到。

八、各项数据一般采用国家统计部门数据。数据缺乏的，采用主管部门或主办单位正式提供的数据。

九、数字用法、标点符号用法分别采用国家标准《出版物上数字用法》（GB/T 15835—2011）、《标点符号用法》（GB/T 15834—2011），计量单位采用国家技术监督局 1993 年 12 月发布的《量和单位》系列国家标准。历史上使用的计量单位，如斗、石、里、尺、磅、华氏度等，在引文时可照录。考虑到社会使用习惯，全书中亩不统一换算。

十、中华民国成立前的纪年，使用朝代年号纪年，括注公元年份；中华民国成立后的纪年，均使用公元纪年。志中所称“解放前（后）”，以该镇解放日为界；“新中国成立前（后）”，以中华人民共和国成立日 1949 年 10 月 1 日为界；“改革开放前（后）”，以 1978 年 12 月中共十一届三中全会召开为界。本志“××年代”，凡未加世纪者，均指 20 世纪。

十一、为节省篇幅，避免重复，本志采用条目互见法。参见条目的表示形式为：参见本志“××类目·××分目·××条目”。

十二、对旧志、古籍中的繁体字、冷僻字一般用简化字或通用字替换，易引起误解的则保留。

十三、记述各个历史时期的党派、机构、职务、地名等，均以当时的名称为准。对频繁使用的名称，首次用全称并括注简称，其后用简称。

十四、各镇志需要单独说明的事项，均在各自编后记中记述。

石杨镇在中国的位置

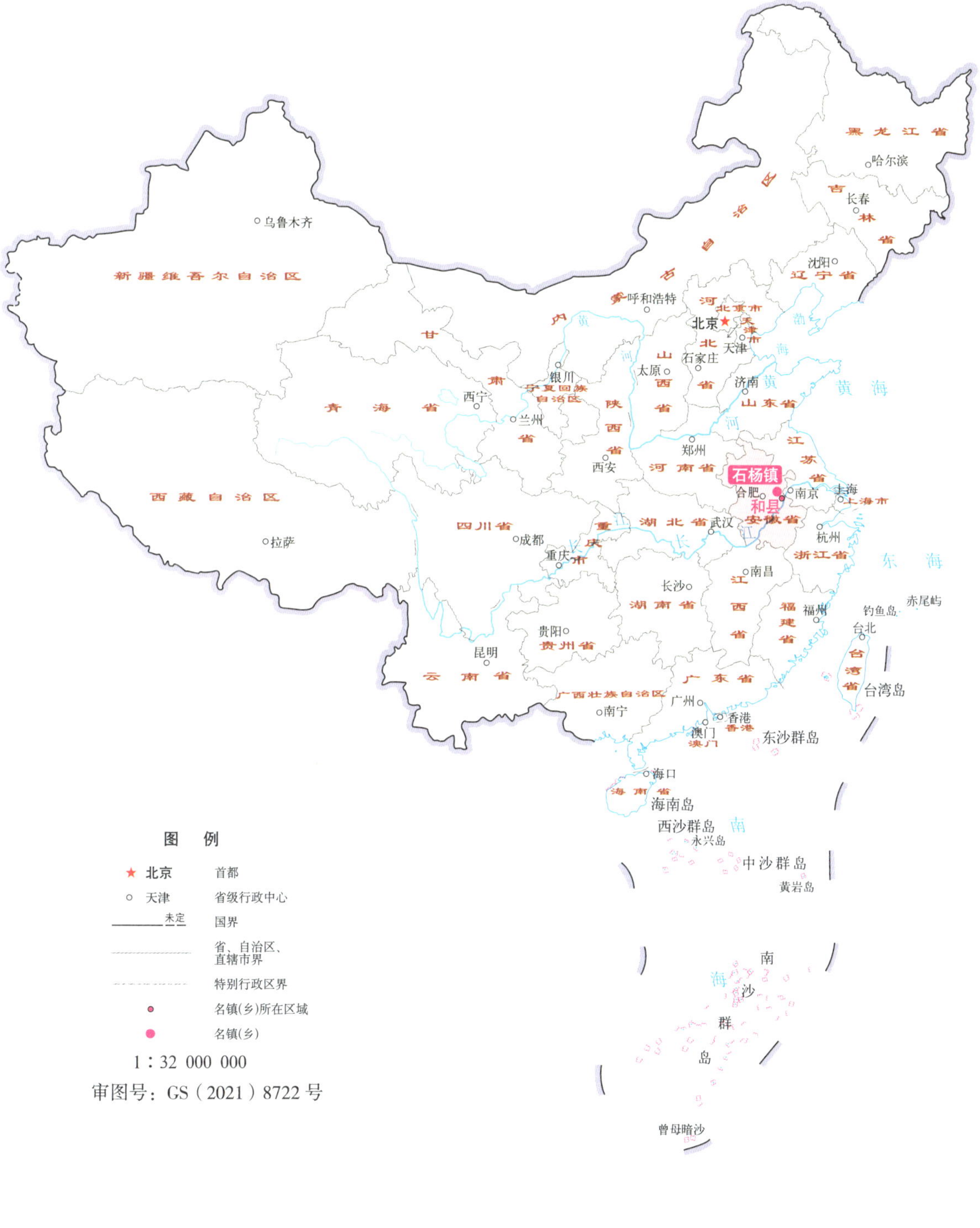

图　例

★ 北京	首都
○ 天津	省级行政中心
未定	国界
	省、自治区、直辖市界
	特别行政区界
	名镇(乡)所在区域
	名镇(乡)

1∶32 000 000

审图号：GS（2021）8722 号

石杨镇在安徽省的位置

1：3 060 000

审图号：GS（2021）8722 号

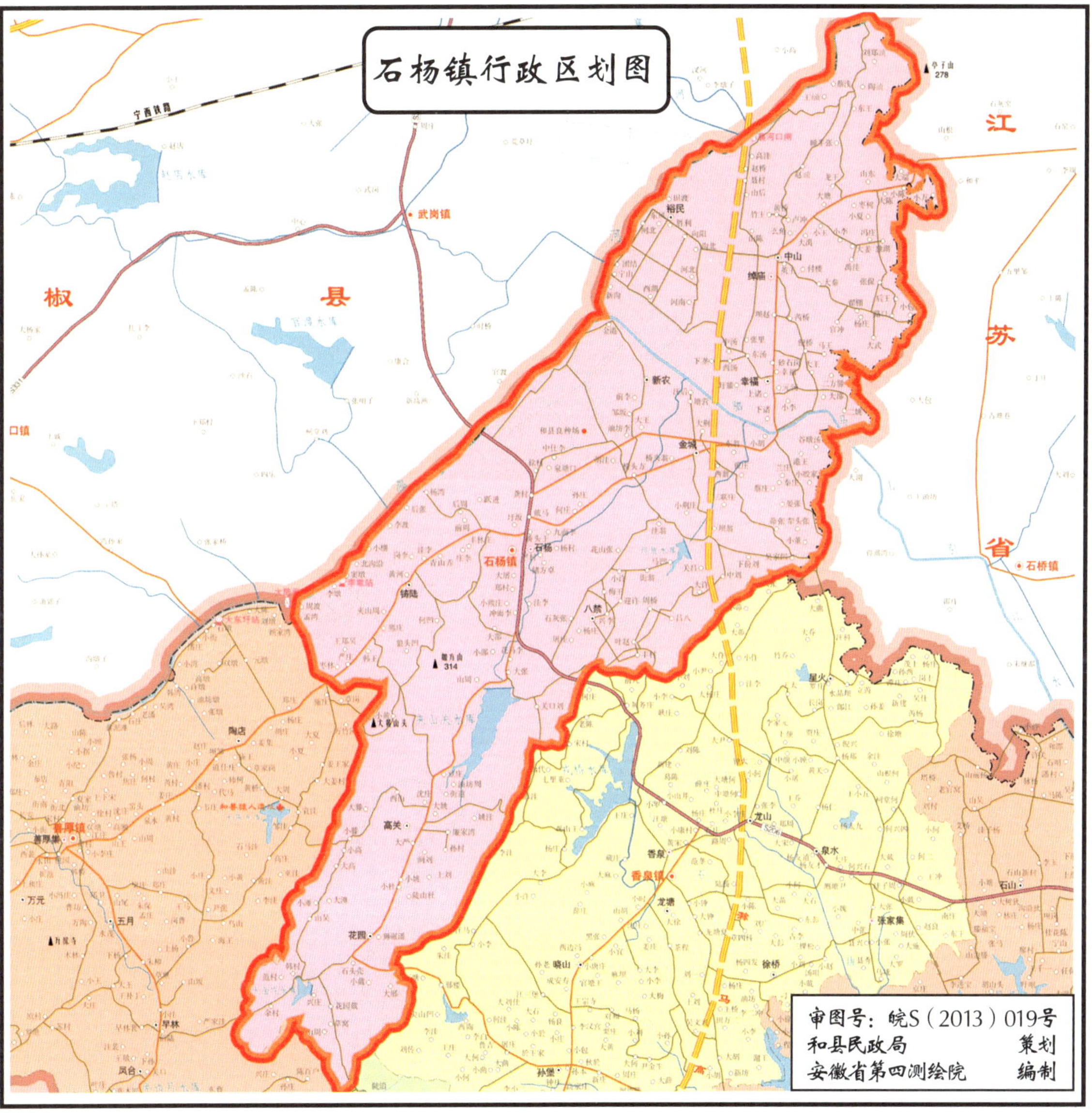
石杨镇行政区划图
宁西铁路
武岗镇
椒
县
江
苏
省
石桥镇
裕民
中山
绰庙
新农
幸福
金城
石杨镇
石杨
铸陆
八然
高关
花园
陶店
善厚镇
善厚集
万元
五月
早林
凤台
香泉镇
香泉
龙塘
龙山
泉水
星火
张家集
徐桥
晓山
朴堡
石山
审图号：皖S（2013）019号
和县民政局 策划
安徽省第四测绘院 编制

迢迢谷（2018 年） 彭庆云 摄

如山湖（2018 年） 李俊 摄

花月大道一瞥（2019年）
汤晓斌 摄

农家的春天（2019年）

高小真 摄

石杨高速枢纽（2018年）　　彭庆云　摄

端木礼海与萧娴合作的梅花图（2018 年） 马维国 摄

徽派建筑（2019 年）

高小真 摄

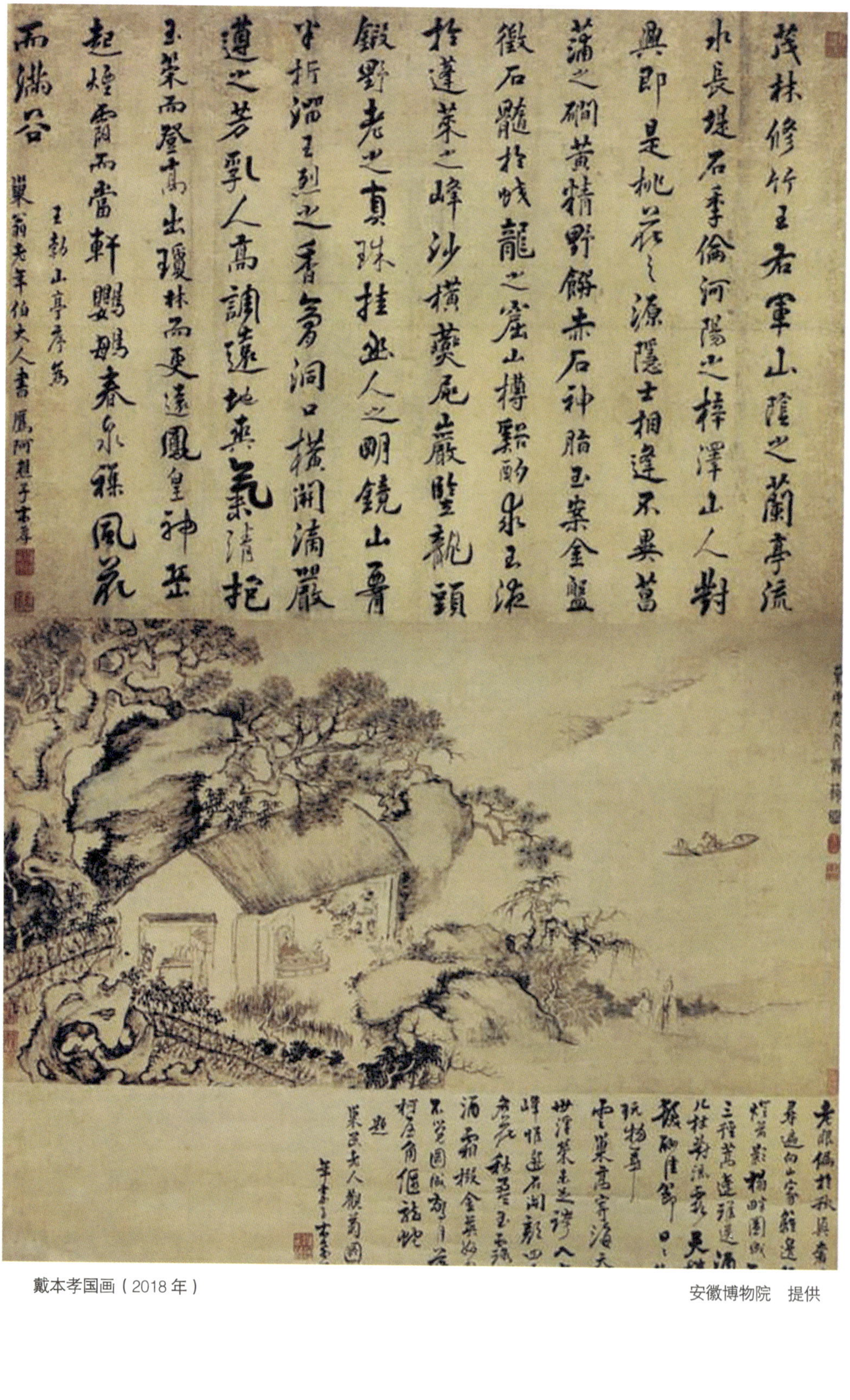

戴本孝国画（2018 年）

安徽博物院　提供

目录

概述

石杨镇历史悠久,《直隶和州志》记载：春秋属句吴，吴亡入越，越亡入楚。这里交通便利，是重要的通关驿道。夹山关关路难行且险，闻名于长江中下游和江淮之间。秦始皇时，该地区属古城历阳范围，归九江郡管辖。石杨镇属于标准的丘陵地区，群山拱卫，滁河水清，土地肥沃，资源丰富，民风淳朴，古迹遍布，是南京、合肥、芜湖、马鞍山四大城市的交会处、“后花园”，也是休闲、养生、避暑、疗养的清净之地。

石杨镇隶属于马鞍山市和县，地处安徽东部，与南京市浦口区及滁州市全椒县接壤，南临芜湖市、马鞍山市，西靠巢湖市，在“南京一小时都市圈”内。全镇总面积 158 平方千米，耕地面积 4243.73 公顷，水域面积 1039.93 公顷，山地面积 2144 公顷，宜林山场 2050 公顷，有林面积 1942 公顷，林地面积 5809 公顷，园地面积 322 公顷。

石杨镇历史悠久，春秋属句吴，吴亡入越，越亡入楚，交通便利，是重要的通关驿道。夹山关难行又险，闻名于长江中下游和江淮之间。秦始皇时，该地区属古镇历阳范围，归九江郡管辖。石杨属于标准的丘陵地区，处于几大繁华的大都市接合点，是南京、合肥、芜湖、马鞍山四大城市的交会处、“后花园”，也是休闲、养生、避暑、疗养的清净之地，更见证了古都南京、古镇历阳的沧桑变化和时代变迁。

石杨镇虽然属于新建城镇，但是后合并入的绰庙乡、金城乡、高关乡（高皇殿和夹山关隘口）却是大名在外。六朝古都南京与绰庙一山之隔，山山有古迹，寺寺有故事，几代皇帝都乐此不疲地到这里巡幸、游玩。可惜的是，抗日战争后期，日伪为了巩固、防守南京，在石杨地区疯狂地抢掠大户人家，拆毁古建筑、寺庙来修建炮楼和防御工事，古迹遭到严重破坏。

中华人民共和国成立以后，在中国共产党的领导下，在全县人民和几个军区部队的

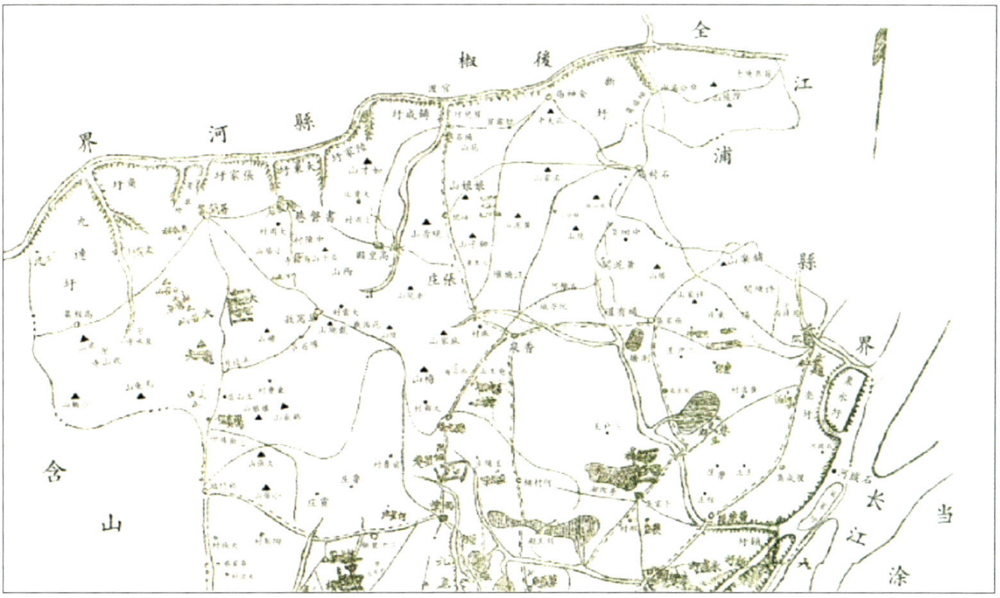

石杨地区山峦寺庙资料图（1932 年） 和县档案馆 提供

支持下，千年古镇涅槃重生。昔日的穷乡僻壤，成了现在的金山银山，南华禅寺的方丈传正大和尚三次到石杨，带领工匠翻修憨山大师纪念堂。

石杨镇地形地貌呈蘑菇形，由西南向东北倾斜，一道东北向西南的山脉横亘境内，群山山体蜿蜒起伏；东北部为平坦圩区。境内山清水秀，生态良好。有阴陵山、插花山、孔夫山、如方山、掉尖山、戴虎山、老山、吃儿山、夹山、花山等。如方山绵亘十几里，峰峦跌宕、气度恢宏。登山远眺，只见长江、滁河蜿蜒如练，苍茫大地尽收眼底；俯首鸟瞰，诸山秀丽，村落田畴，星罗棋布。如方山西面有一巨石，名曰狮子岩。岩下有一石潭，深七丈余，水碧如染，叫金牛井。站在岩上向远处望去，云雾缥缈、似入仙境。绕过西岭，自西向南，便到钓鱼台，相传这曾是姜太公垂钓的地方。

石杨镇水系发达，山区建有水库 22 座，其中夹山关水库最大，该库集水面积 40 平方千米，最高蓄水位 36.5 米，满足滁河以南 2.3 万亩农田的灌溉用水需求。山区当家塘密布，圩区沟渠纵横。水系为长江支流，属驷马山河流域，汇入滁河，经驷马山枢纽水利工程流入长江。由于江河水的滋润，全镇土地肥沃，正所谓“青山绿水到江沿，土地一半是良田”。石杨镇山峰连绵、植被繁茂、空气清新、氧气充足，有“天然氧吧”之称。全镇地势起伏较大，村落密布、阡陌纵横、群峰竞秀、山水环绕，素有“南京后花园”之美誉。

石杨镇人杰地灵，星辰璀璨、人文荟萃，英才辈出。宋孝武帝刘骏登临如方山狩猎，回金陵后不久便大赦天下。梁武帝萧衍登上这座山，专为昭明太子萧统建一座昭明院，院内有塔，名“六祖塔”，且有寺，名“六坟寺”。梁昭明太子萧统曾在院内读书。继此，文人墨客来访不断。明代号称“四大高僧”的憨山大师就出生在石杨蔡浅自然村，并在这里度过了他的少年时期；明末清初义士戴重、诗书画大家戴本孝、反清复明义士戴移孝的家乡也在这里，迢迢谷曾经是反清复明基地；新中国空军少将周光富将军也在此出生，这里的山山水水都留有将军青少年时期的足迹，大山的静气和秀水的灵气滋润着将军的成长；还有抗日英雄樊正文、一代书画宗师林散之、画梅大师端木礼海等不胜枚举。

石杨镇四周环山，属蜿蜒起伏的丘陵山区。山体不高，在海拔 400 米以下，具备丘陵山区的典型特征。具有代表性的是如方山，山高 315 米。山体虽然不高，但是四周临水，显得如方山伟岸、挺拔。石杨的山，山山相连，形态各异。有的像猛虎下山、狮子滚球；有的遥遥相对，宛若双眸仰望苍穹；有的山体曲折蜿蜒，酷似巨龙卧波。迢迢谷里包蕴着许多美丽动听的故事。日夜奔流、碧波荡漾的滁河环抱着石杨，滋润着河网稠密的圩区。新中国成立后，石杨人民改写了滁河年年泛滥成灾的苦难历史，如今新农、裕民等村成了旱涝保收的鱼米之乡。

古镇山环水绕，人文底蕴积淀深厚，魏晋古韵，明清风情，洋溢其间。全镇极具观赏价值的人文景观遗址有二三十处，各式民居、店铺骑楼、桥廊亭塔、书院庙坛、渡口码头，伴随不老的时光，镌刻历史的印记。各种特产、美食，是游子舌尖上的眷恋。游览古镇，犹如穿越时空，观赏一幅幅历史画卷，浓墨淡彩中映透出千年沧桑。拨开沧桑、尘封、锈迹的迷障，无数个谜团萦绕心间，引得江苏省多名诗书画大家在此安家、休闲、度假。

这里山川秀美，胜迹如云，让古今众多名人逸士在这片神奇的土地上留下大量的艺文佳作，其中有诗文、碑记、书法、美术、摄影等。此外，还有独具地方特色民间流传的掌故与传说。这些作品，凝聚着人们对美好生活的向往和爱恋。

“千年古镇美，石杨驿道险”，这是滁州、南京等地人对石杨镇的评价。这里流传着商纣王、周文王、姜子牙的故事；有孔夫子带着学生游说的踪影；有宋孝武帝刘骏、梁武帝萧衍、梁昭明太子萧统的足迹；有戴重、戴本孝、戴移孝、林散之论书作画的墨香；有夹山关“两山壁立，耸峭夹道”的险峻；有古驿道烽火连天的轨迹；有耳熟能详的石杨十景——如方山、憨山寺、插花庙、气象树、张婴洞、霸王桩、一河两色水、三步两个桥、十里迢迢谷、抬头一个庙低头一个井。

石杨镇是名副其实的旅游集散地，是适宜休闲度假、品尝美食、商务洽谈的极佳场所。处于四大城市之中的石杨镇，区位优势凸显，206 省道（滁芜路）纵穿全镇，距合宁高速只有 15 千米。滁马高速穿境而过，合肥机场、南京机场距石杨镇均不到 1 小时车程。驷马河、滁河水道沿镇流淌、穿镇而过，可常年通航 800 吨以下船舶，水道距长江口只有 25 千米。快捷的水、陆、空交通网，为企业投资、游客观光提供了极大便利。这里资源丰富，煤矿、白云石、石灰石、铁矿、磷矿遍布全镇。高关新农村建设秉承特色、高端、以人为本的理念，在山坡地上随势建起了舒适、休闲的适合农家居住的低密度住房，湖光山色吸引了南京、上海市民到此度假；以盘景水泥为领军的建材行业应势兴起，高标号的水泥和优质石材远销全国各地；就地取材制作的板材质优价廉，赢得用户的好评；农业方面，早已实行订单生产，肥沃的土地，清澈的水源，优良的品种，使得石杨的优质大米名声远扬，远销全国各地；依托滁河水资源的优势，养殖了各种鱼虾蟹鳖、禽类；高滕葡萄规模种植并生产加工系列葡萄酒、白兰地酒；万源农场的冬桃，色泽鲜艳，口感极佳，冬桃成熟期，周边美食爱好者竞相前来采摘；凭借群山的资源，建起菜牛养殖基地，纯天然的鲜草哺育着成群牛羊；石杨板栗具有几百年的历史，清初从皖南广德引进栽培，清嘉庆年间（1796—1820）曾作为贡品名噪大江南北，优良品种有“大红袍”“处暑红”“大油栗”；山上遍地是宝，中药材、各种野味都是自然的馈赠。

悠久的历史、优美的环境、丰富的物产、深厚的文化积淀、光荣的革命传统，滋养着勤劳智慧的石杨人民。石杨人民在中国共产党的领导下，遵循“绿水青山就是金山银山”的理念，确保山青、水绿、天蓝，团结一致、开拓创新、拼搏进取，将石杨镇建设成充满实力、活力、魅力，宜居、宜业、宜商、宜游的园林式、生态型、现代化强镇。

基本镇情

石杨镇隶属马鞍山市和县，地处安徽东部，与江苏省南京市浦口区及安徽省滁州市全椒县接壤，南临芜湖市、马鞍山市，西靠合肥市，在“南京一小时都市圈”内。

石杨镇虽然是中华人民共和国成立后组建的城镇，但是其中的绰庙、金城、高皇殿却是千年古乡。这里俗称“六山二水一分田，一分村庄加菜园”，独特的地理位置、环境和山水资源，吸引了城市人的目光，稻麦和杂粮受到周边城市的青睐。在乡村旅游的带动下，畜牧业、水产业和经果林成为镇里的主导产业、绿色产业，吸引了大都市的居民纷纷前来品尝生态农业产品。境内群山起伏，蕴藏着多种矿产和丰富的森林资源，水资源丰富，确保了农业稳产保收。

全镇下辖 9 个村委会和 2 个社区居委会，234 个自然村，镇域面积约 158 平方千米。

建置区划

镇名由来 如今的石杨镇，所辖的范围是旧时四个小乡，即石杨乡、绰庙乡、金城乡、高关乡。旧时，古驿道上住着杨姓和石姓两个大户，他们在驿道口建起了房子，相对互衬形成了小街、小巷，人们顺口称之为“杨石巷”，后来成为乡镇，依照老地名用“杨石”拗口，便颠倒过来叫“石杨”。绰庙乡因为古代集镇上有东岳庙，故名东岳堡，因庙大，后改称绰庙集。金城乡因精诚庙（谐音）而得名。高关乡则为高皇殿与夹山关的合称。

建置沿革 远古时期，石杨地域内就有人类劳动、生息，在距离石杨镇几千米的汪家山北坡龙潭洞发现了距今40万年前古人类头盖骨化石及大量的骨器、旧石器及火烧过的骨骼，考古学家将这里的古人类命名为“和县猿人”。石杨镇王后城村发掘了新石器时代晚期遗址。

楚成王元年（前671）时，设历阳县，石杨属楚地。

《史记·秦始皇本纪》载，秦王政二十三年（前224）设历阳等8个县，石杨属于历阳管辖。

汉高祖三年（前204），项羽封范增为历阳侯，石杨属历阳管辖。东汉前期，历阳县先属淮南郡，后属吴扬州。石杨属于历阳管辖。

西晋太康六年（285）于历阳县、东城县界新置乌江县，以境内乌江亭为名，治今和县乌江镇，今石杨北部为乌江县所属。西晋永兴元年（304），改属历阳郡。

东晋，豫州刺史谢尚改驻历阳，石杨属于历阳郡。

东晋义熙九年（413），割扬州大雷以北、长江以西地区为侨置的豫州境，入南朝宋不变。宋永初三年（422），宋武帝下诏分淮东为南豫州，治历阳。石杨归属乌江县、历阳郡。

宋大明三年（459），分历阳郡新置为临江郡，治乌江县，郡名以领地临长江滨为名。石杨归属乌江县、历阳郡。

梁武帝太清二年（548）九月，侯景攻历阳，太守庄铁以城降。

北齐天保六年（555），北齐立梁贞阳侯萧渊明为帝，送之南还，梁将王僧辩迎贞阳侯与北齐会于历阳，与之谈和。为纪念这一事件，升历阳郡为和州。石杨归属和州。

陈时，太建五年（573）五月，诏南豫州刺史黄法氍徙镇历阳，废和州，历阳郡改属南豫州，石杨归属南豫州。太建十一年（579），北周灭北齐后南侵，入北周，改南豫州为和州，石杨归属历阳县。

北宋时，和州仍治历阳，领3个县，全在安徽境内。其支郡为历阳郡，为防御州级。乌江县仍治今和县乌江镇，石杨归属乌江。

南宋绍兴五年（1135）撤销乌江县，并入历阳县，降为乌江镇。绍兴七年（1137）复置，仍治今和县乌江镇。石杨建置随之变更。

元朝时，和州仍治乌江县，仍治今和县乌江镇，包括石杨。元至正十五年（1355），和州改属江淮行省庐州府。

明洪武元年（1368），撤销和州，并入历阳县，撤销乌江、含山2个县，并入历阳县，改属庐州府。

明洪武二年（1369）九月，升历阳县为直隶和州。洪武七年（1374），降直隶和州为散州，改属中立府。八月，改中立府为凤阳府，和州改属凤阳府。不久，复升和州为直隶和州，直隶中书省。明永乐元年（1403），改属南京，仍治今和县历阳镇，石杨随变迁归属所在地。

清康熙元年（1662），直隶和州改属江南省安池太道（治池州府，今贵池市区）。康熙六年（1667）七月，改属安徽省（治安庆府，今安庆市）。康熙二十一年（1682）十月，直隶和州改属江安十府储粮道（治歙县，今徽城镇）专业道。清雍正十二年（1734）十二月，直隶和州改属庐凤道（治凤阳县，今府城镇）。雍正十三年（1735）七月十三日，改属庐凤颍道（仍治今府城镇）。清同治四年（1865）六月，直隶和州改属安庐滁和道（治安庆府）。清光绪三十四年（1908）五月，改属皖北道，石杨随历阳镇变迁归属所在地。

清宣统三年（1911）11月12日，和州光复。1912年1月，废道、府；4月，改州为县。和县（仍治今历阳镇）属安徽省，石杨地区随之归属。

中华人民共和国成立后，和县（以下皆包括石杨）仍属皖北人民行政公署巢湖专区。12 月 2 日，中共中央华东局决定，将和县划归南京市，石杨地区随之归属。

1950 年 1 月，和县改属皖北人民行政公署巢湖专区；1952 年 3 月 28 日，撤销巢湖专区，和县改属皖南人民行政公署芜湖专区；8 月 7 日，改属安徽省芜湖专区；1958 年 10 月 22 日，和县改属马鞍山市，石杨地区随之归属。

1959 年 3 月 23 日，和县改属芜湖专区，撤销和县、含山县，改设和含县（驻今历阳镇），仍属芜湖专区，石杨地区随之归属。

1965 年 5 月 21 日，和县改属巢湖专区，石杨地区随之归属。

2011 年 8 月，和县区划调整到马鞍山市，石杨地区随之归属。

辖区变迁 1949 年 10 月至 1951 年年底，乌江区辖河西、金城、绰庙地区；善厚区辖石杨、高关、如山地区。

1951 年 12 月至 1952 年年初，香泉区辖香河西、金城、绰庙、石杨；善厚区辖高关。

1955 年年底至 1956 年 3 月，乌江区辖绰庙；善后区辖高关、石杨地区。

1963 年 4—8 月，设石杨区，辖善厚、五月、陶店、金城、绰庙 5 个公社。

1969 年 4 月，撤区成立绰庙、金城 2 个公社。

1971 年 1 月，全县恢复 6 个区，石杨区辖善厚、石杨、绰庙、陶店、高关、金城 6 个公社。

1983 年 4 月至 1984 年 4 月，撤销人民公社建制，建立乡人民政府，石杨区辖善厚、陶店、高关、石杨、金城、绰庙 6 个乡。

1992 年 2 月至今，撤区并高关、金城、石杨合称为石杨镇。高关、金城、石杨均改为社区。

村庄社区

八禁村 位于石杨镇东南侧，北靠金城村，南靠香泉镇，西靠石杨社区、新农村，与碧桂园相连接。辖区面积 12.44 平方千米，其中耕地面积 3400 亩。属丘陵地带。全村共有 12 个村民组，1 个新村，共 707 户，人口 2518 人。交通便利，东北接 S22 天天高速（滁马高速），南接 206 省道，全村建成村村通水泥路。矿产资源丰富，富含石灰石、页岩等矿产资源，内有大型企业盘景水泥（2007）和村企老山石料厂、页岩公司等。农作物以水稻、棉花、花生、玉米等为主。主要农产品有黄桃、冬桃。

八禁村（2019 年）　　高小真　摄

八禁村山清水秀，物产丰富，民风淳朴，清道光四年（1824），当时十八村的村民代表立八条禁规并刻碑，内容是禁止砍伐树林、禁止糟蹋庄稼、禁止偷盗、禁止挖掘祖坟、禁止忤逆父母、禁止拐骗人妇、禁止赌博、禁止迷信活动。这便是村名“八禁”的由来。

高关村　明代又称高皇殿，西邻善厚，东接香泉，北有如方山，东有夹山关水库、吐儿桥水库、坡坝水库呈“品”字形镶嵌于她的肥田沃土之上，群山环绕，山水交映，四季分明，山清水秀，人杰地灵。

高关村辖 27 个自然村，总面积 13.38 平方千米，耕种面积 2000 余亩，人口 4078 人，27 个村民组，1227 户。高关地区如今种植大户、养殖大户四起，外出经商的百万富翁相继涌现，高滕葡萄享誉皖江，陀佛庵纯净水“流”进万家，小磨麻油香飘华东。

村内基础设施完备。饮用自来水、抗旱井、农户家用水井覆盖率达 98%；有线广播、有线电视全覆盖，丰富了百姓的文化生活。碧桂园・如山湖城开发项目解决了村剩余劳动力的就业问题，地方经济也相应得到飞速发展。此外，有远近闻名的“神奇气象”树、如山湖、如方山等旅游景点。

裕民村　位于石杨镇北部，东邻石杨镇中山村、绰庙社区，南邻石杨镇幸福村、和县棉种场，西傍滁河，与全椒县隔河相望。远近驰名的插花山虞姬娘娘庙、霸王泉霸王桩等就坐落在此。

高关新村（2019年） 李俊 摄

裕民村（2019年） 高小真 摄

全村由原插花、新桥、裕民三村合并而成，总面积 12.78 平方千米，耕地面积 4878 亩，全村 918 户，含 24 个自然村，32 个村民组，总人口 3891 人。村内有 3 条水泥路与各自然村相通，驷马河水上通道沿村而过，水陆交通十分便利；在水利设施上，村内裕民圩、新桥圩 2 座排涝站和镇一级抗旱站，满足了农业生产的需要。建有村级卫生室 1 个。

新村部建设于 2007 年，设有学校、便民服务大厅、党员活动室、农家书屋、人民调解室等，办公方便，功能齐全，改善和方便了群众的生产、生活。村民收入方面，全村除种植常规性农作物外，还有特色农业——水稻制种，并种植其他经济作物，如西瓜、蔬菜。养殖业如生猪、大棚养鸡、养鹅、养鸭，发展势头良好，剩余劳动力还通过外出务工增加收入，全村人均收入逐年增加。

金城村　位于石杨镇中东部，东与江苏省石桥镇接壤，南与香泉镇龙山村一山之隔，西、北与本镇幸福村、新农村相连。全村由原金城、团结、利泉三村合并，共有 29 个自然村，29 个村民组，1015 户，农业人口 4018 人，辖区面积 17.86 平方千米，耕地面积 6175 亩，山场面积 2180 亩。村内共有小学 1 所、幼儿园 1 所、村级卫生室 1 所，省重点企业盘景水泥有限公司坐落在此，马鞍山市绿色产业园已进驻安徽军瑶集团、成

金城村（2019 年）　　高小真　摄

诚路桥、浙江向往节能等企业。

金城村交通便利，自然条件优越。滁河支流驷马新河从该村北部流过，滁马高速、省道绰善路穿境而过，离合宁高速公路不到 15 千米。村内塘坝星罗棋布，有坝翁、桥翁、洼翁、下份刘、中刘水库 5 座，有利泉一级站、百螺丝站、汪后站、乔翁站、团山站抗排机站 5 座。农业生产以种植水稻、小麦、油菜为主，村级经济以农业经济和劳务经济为主。

花园村　位于石杨镇西南端，地处三镇交界，东至香泉镇，西至善厚镇，辖区面积 11.53 平方千米，其中耕地面积 3358 亩，辖区内总人口 2519 人，645 户，14 个自然村，17 个村民组。主要经济收入以农业经济和劳务经济为主，农业生产以种植水稻、小麦、油菜为主。花园村交通便利，山清水秀，自然条件优越，文化底蕴深厚。明末清初著名画家戴本孝故居便坐落于此。花园村旅游事业发达，著名景点如张婴洞、花月大道、大金庄水库、三戴纪念馆吸引着众多游人的目光。

花园村始终按照“产业兴旺、生态宜居、乡风文明、治理有效、生活富裕”的总要求，努力发展壮大集体经济，为富民强村探索出一条党建引领乡村振兴的新道路。

花园村（2019 年）　　高小真　摄

新农村　地处石杨镇东部，东至金城村，南至石杨社区，西与全椒县接壤，北至裕民村。辖区面积 12.85 平方千米，耕地 9678.8 亩，辖 19 个村民组，726 户，总人口 2896 人，山圩参半，全村以种植水稻、小麦、油菜为主，建有蔬菜基地 1 个，无公害水稻基地 1 个。

新农村建有村级卫生室、村民健身广场、电教室、图书阅览室、档案室、留守儿童活动站、老年学校、计生服务室、矛盾调解室、为民服务大厅等，适龄儿童入学率达 100%。新农村圩地较多，衍生出稻虾混养为特色的水产养殖模式，村民生活水准得到了显著提升。

幸福村　位于石杨镇北部，东部同江苏省南京市接壤，南至金城村，西至裕民村，北与绰庙社区相邻。驷马河水利枢纽、滁马高速、338 省道穿村而过，辖区面积 13.36 平方千米，距滁马高速和县北道口约 1 千米，距合宁高速星甸出口 15 千米。全村有耕地 8720 亩，18 个自然村分为 35 个村民组，共有 852 户，人口 3014 人。幸福村属半山半圩丘陵地区，全村以种植水稻、小麦、油菜、玉米等农作物为主。幸福村农产品资源较为丰富，有跑山鸡、老鹅、鱼虾、西瓜、苗木等。

幸福村基础设施逐步完善。拥有综合服务办公室、党员活动室、医疗卫生室、农家书屋、健身娱乐室、老年活动室、休闲广场等，改善和方便了群众的生产、生活。2018 年成立村劳务公司，带动了村集体经济收入。

新农村（2019 年）　高小真　摄

幸福村（2019 年）　高小真　摄

中山村（2019 年） 高小真 摄

中山村 位于石杨镇北部，与裕民村、绰庙社区相邻。两省三县（区）交界，东靠江苏省南京市浦口区，西与安徽全椒县相望，憨山寺坐落于此。辖区面积 16.05 平方千米，耕地面积 7520 亩。20 个自然村分为 32 个村民组，共有 847 户，人口 3625 人。中山村属半山半圩丘陵地区，全村以种植水稻、小麦、油菜、玉米等农作物为主。中山村农产品资源较为丰富，有跑山鸡、鹅、鱼虾、苗木等。

中山村交通便利，自然条件优越。328 省道穿村而过，滁河水上通道沿村而过，横山矿业有限公司、中正农业科技有限公司等 4 家企业带动村级经济，全村人均收入逐年增加。

铸陆村 位于石杨镇西北面，在风景美丽的如方山下，山水相依，东南与石杨社区紧接西与善厚镇相邻，北临滁河与全椒县相连。辖区内共有 24 个自然村，44 个村民组，总人口 3495 人，总面积 14.66 平方千米，耕地面积 7935 亩。种植业有水稻、莲藕、大棚蔬菜、大棚西瓜；养殖业有龙虾、水蛭、蜜蜂等。交通便利，陆路 S328 贯通全村，水路滁河从铸陆村北面通过。

铸陆村（2019 年）　　　　高小真　摄

铸陆村属半山半圩，资源丰富，民风淳朴，社会安定和谐，群众安居乐业，呈现出一派欣欣向荣的良好景象。

绰庙社区　地处皖苏两省三县（区）交界处，东与南京市浦口区接壤，北和滁州市全椒县毗邻，境内南边赭山矗立，驷马河荡漾，北方插花山、龙王山绵亘，滁河环绕其中，三山两河形成南北呼应对峙之势。

绰庙社区现有地域面积 9.81 平方千米，耕地面积 11900 亩，辖 22 个自然村，54 个村民组，总户数 1132 户，人口 4458 人。2014 年被列为贫困村，2017 年出列，2019 年所有贫困户高质量脱贫。

绰庙社区（2019 年）　　　　高小真　摄

社区域内山清水秀，风景优美，人文荟萃，历史文化底蕴深厚。这里是明代高僧憨山大师、以“江南一枝梅”享誉大江南北的著名画家端木礼海等诸多名人贤达的故乡，绰庙“三月三庙会”为马鞍山市级非遗项目，每年举办，传承至今。

绰庙社区旅游基础设施完备，有旅客服务中心等配套设施。

石杨社区　地处石杨镇的中心，东至八禁、新农两村，西接铸陆村，南至碧桂园如山湖开发区，北距滁州市全椒县仅 15 千米，是石杨镇政治、经济、文化、贸易发展中心。社区共有 2400 户，总人口 7400 人，常住人口 4500 人，辖区面积 15.07 平方千米，其中耕地面积 5180 亩、水田 3980 亩。

石杨社区交通便利，S206、S328（滁芜路）纵穿全社区，滁河水道穿社区而过，可长年通航 300 吨船舶，水道距长江口只有 25 千米，拥有码头可供船只停留卸货。快捷的水、陆交通网，为到石杨社区投资、观光提供了极大的方便。

石杨社区属半山半圩丘陵地区，全村以种植水稻、小麦、油菜、玉米等农作物为主。石杨社区农产品资源较为丰富，有跑山鸡养殖、生猪养殖、老鹅养殖、鱼虾养殖、西瓜种植、苗木种植、草莓种植等。

石杨街道已规划建设成“两纵四横”沥青路面的整齐街道，楼房林立。自来水厂提引的是九湾清澈优质的活水源。石杨社区基础设施较为完善，拥有综合服务办公室、党员活动室、医疗卫生室、农家书屋、健身娱乐室、老年活动室、休闲广场等，改善和方便了群众的生产、生活。

石杨社区（2019 年）　　高小真　摄

大美石杨欢迎您（2017 年）

高小真　摄

区位交通

区位 石杨镇位于北纬 31° 26′18″ ~32° 03′39″，东经 118° 04′ 29″ ~ 118° 29′ 52″。地处和县北端，距县城 24 千米。东与江苏省南京市浦口区星甸街道相连；南接香泉镇、西埠镇；西邻善厚镇；北与全椒县武岗镇隔滁河相望。

石杨镇地处安徽最东部，被称为安徽省东部的“桥头堡”。石杨镇镇域形成于 1992 年 2 月，由原石杨区、石杨乡、高关乡、金城乡、绰庙乡合并而成。石杨地区在春秋时期就是著名的驿道，是连接皖西、皖东进入长江和江苏的必经之路。

交通 石杨镇交通便捷，区位优势明显，地处南京、合肥、芜湖、马鞍山等省内外大中城市辐射圈内，交通运输经过多年的发展，已经形成了以公路为主体，其他运输予以补充并有效利用周边资源的格局。主要交通运输形式为公路运输和水路运输。穿境而过的常合高速，经过县城的滁马高速、贯穿南北的 G347 以及黄金水道滁河交织，形成了全方位、多层次的立体交通网。

村组公路（2019 年） 高小真 摄

石杨镇距南京市禄口机场不到一小时车程，距合肥新桥国际机场两小时车程，乘全椒高铁前往南京和合肥只要 30 分钟车程。石杨镇 11 个村和社区都开通了公交大巴。

公路

2018 年年底，石杨镇通往所有的村、社区的机耕路改造完毕，由砂石路建成水泥路，全镇实现村村通公路和村（居）民小组通公路。

县道　1959 年，石杨至绰庙的公路建成（简称新石路），全长 9.4 千米；1990 年初对新石路进行改造；2018 年年底修建成沥青路面。

石杨花园至凤月桥公路（简称花月大道）于 2018 年建成，全长 6.366 千米，沥青路面，是石杨镇的一处旅游景点。花月大道作为石杨镇“十二五”规划中干线公路网“四纵七横四连”的横线，主要承担着 S105 与 S206 以及 X034 高夹路与 X032 盛善路之间沿线各乡镇之间的中短途交通，同时也是连接石杨镇、善厚镇和香泉镇三个镇，以及三湖一山（香泉湖、如山湖、半月湖和鸡笼山）旅游风景区的重要通道。路线全长 6.366 千米。2019 年被中国公路学会评为全国美丽乡村路。

2019 年花月大道被评为全国美丽乡村路（2019 年）

高小真　摄

花月大道（2019 年）　高小真　摄

省道（2018 年） 高小真 摄

省道 省道是境域连接各县、市和毗邻地区的干线公路，在石杨镇有三条省道经过、相连，一条为 S210 来和路，起点为石杨镇官渡大桥，终点在和县县城，2003 年建成，全长 42.15 千米，在石杨镇约 20 千米，沥青路面，为二级公路；一条为 S328 星夏路，起点是南京星甸，终点是巢湖夏阁，2019 年建成，全长 38.1 千米，在石杨镇境内 18.7 千米，沥青路面，为二级公路；一条为 S206（滁芜路）纵穿全镇，距合宁高速只有 15 千米。

高速公路 滁马高速是安徽省北沿江高速公路的一部分，也是安徽省规划的“四纵四横”高速公路网中“纵一”（徐州至杭州高速公路）和“横六”（扬州至武汉高速公路）的重要组成部分。该项目建成后对促进长江三角洲经济一体化发展、皖江城市带承接产业转移示范区建设和南京都市圈发展具有重要意义。滁马高速公路从石杨镇穿境而过，穿境地区是按照“和城至官渡古道”的原址设计的。在石杨有进出道口，驾车到滁州和马鞍山只需 30 分钟车程，极为便利。滁马高速公路经和县石杨镇襄河闸下游、裕民村、绰庙社区、幸福村、金城村，并在金城街道北预留出口（盘景公路相交），至香泉镇龙塘村，与 S206 相交。

滁马高速公路于 2012 年 11 月 20 日正式动工建设，总里程 83.006 千米，石杨镇境内 13.5 千米采用沥青混凝土路面结构，按双向四车道高速公路标准建设，路基宽度 28 米，设计速度 120 千米 / 小时。滁马高速公路起自滁州市来安县水口镇夹埂村附近，与

滁马高速和县北出口（2018 年）　　李俊　摄

规划的北沿江高速公路天长至滁州段衔接，同时与宁洛高速公路（南京至洛阳高速公路）交叉，终至马鞍山市和县姥桥镇，接在建的马鞍山至巢湖高速公路。滁马高速公路先后穿越京沪铁路、京沪高铁、合宁铁路、合宁高速以及跨越清流河、滁河、驷马河等。全线共设互通立交桥 9 处（含预留 2 处）、特大桥 5 座、大桥 5 座、分离式立交桥 11 座，设服务区 2 处、养护工区 1 处、管理分中心 1 处、主线收费站 1 处、匝道收费站 4 处。滁马高速公路于 2015 年建成通车。

滁马高速（2018 年）　　彭庆云　摄

滁河航道（2017 年）　朱滨华　摄

盘景航道（2017 年）　马维国　摄

水运 滁河全长269千米，是江苏与安徽两省的界河，下通长江，具有干支直达、江海联运的优势。滁河石杨段22.5千米，驷马山12千米，有小罗渡、李渡、官渡、田渡、先锋渡等方便两岸人民来往。石杨镇依托滁河水资源，自然形成三岔河，内河运输交通体系形成，水运码头有官渡码头、幸福桥码头、盘景码头等，能常年停靠400吨位船舶，年吞吐量500万吨，经内河32千米进入长江。

自然地理

地质地貌

石杨地区更新纪早期（约200万～100万年前），在暴风雨的冲刷下，长江西岸及汪家山一带，堆积了一些沉积的泥、砂和砾石，在地下水的溶蚀作用下，形成了龙潭洞之类的洞穴，四周出现了原始植物和河狸等野兽，形成了南北动物的交会区域。到了新生代第四纪更新世中期（距今约40万年），石杨开始有人类活动，在龙潭洞的洞穴堆积物中，发现猿人的头盖骨化石，并出土大量动物化石，还有石器等。

这一带的背斜、向斜同等发育、相间排列。主要由志留系—下三叠统组成，局部有震旦系—奥陶系。翼部倾角30°～60°居多，轴向45°，平面有“S”形扭曲。轴面在纵剖面上也显麻花状，以致自东而西其倾向由南东变为近直立然后转向北西，循环往复。其间发育的纵向逆冲断层面也作相应变化，构成“叠瓦状”构造。就总体而言，该带褶曲为轴面北倾或近直立之斜歪褶曲。

石杨区域内出露的全为沉积岩，地层由老而新有寒武系、奥陶系、志留系、泥盆系、石炭系、二叠系、三叠系、侏罗系、白垩系及第四系等。现分别简述如下：

寒武系 上统观音台组出露于区域北界各主要山系。如如方山、掉尖山、姑子山、大山、大黄山头、馒头山、西山、龙窝山、老虎山、庵山、南山、张家山、后头山、鲁家大山等。

奥陶系 出露于寒武系地层的东南侧。如西山、晓山、拦龙山等。

志留系 分布在奥陶系与泥盆系山脊之间较为低缓的地带。如老山西北坡、蚂蚁山东南坡、骚狗山东南坡一带。

叠瓦状山体山貌（2017 年）

泥盆系 上统五通组，其岩性坚硬，多构成山脊，与下伏地层段整合。分布在老山、吃儿山、后山、九山、马山、戴虎山等处。

石炭系 分布在五通组与栖霞组之间的低凹地带，因岩性较软，出露较少。

二叠系 分布广泛。区域内自东北向西南断续出露于吃儿山、老山、鸡笼山、半边月后山等地，为和县主要含煤地层。

三叠系 出露甚广，常构成低山丘。在宝塔山、观音山、狮子山、尖山、戴虎山两翼。

侏罗系 出露零星，孤立地分布在和含公路两侧，构成一些坡地，为当地主要含煤地层，如腰庄、西埠拦龙山、香泉、张家集、乌江等地。

彭庆云 摄

白垩系 出露极少，当地仅在石杨西北和腰埠以南的梅头王一带有出露，如石杨新农村委会（桥西）、范桥、娘娘庙、南义一带，由白垩系型砂形成。

第四系 分布在沟谷、低山坡、圩区等，主要为砾石、黄土层、黏土层。石杨地处长江沿岸，大别山余脉，由西南向东北延伸过境。形成西北高东南低，由西北向东南倾斜的地势，为低山丘陵（海拔 100 ~ 315 米）；在圩区与低山之间为波状起伏的岗地（海拔 50 ~ 100 米）。

石杨区域所处大地构造位置为淮阳“山”字形构造的前弧东翼，由于南象运动的影响，使当地褶皱隆起，纵横断裂均很发育，褶皱地层为寒武三叠系。于金城—含山—陶家厂一线，轴向北东，由 系列正常—倒转之背，向斜组成和含挤压褶皱带。由北而南、自西向东主要褶皱有石杨—大黄山头—前山扇形，倒转背斜；谷打场—陈庄向斜；龙王山—晓山—拦龙山背斜；大邢山—大老陈倒转向斜；戴虎山—娘娘山倒转背斜；尖山凹—山李塘—大冯村倒转向斜；尹家大山—白洞上扇形褶皱；含山昭关—黄眉山复式向倾；含山危松子缓波状向斜；含山林子沟—赵庄平缓波状背斜等。

区域断裂极为发育，产生于褶皱的同时或稍晚，出现一系列纵横斜交断裂。主要的纵向断裂有石杨—大黄山头纵向逆断层；大黄山头—大严家纵向逆断层；金城庙—大尖山纵向逆断层组；麻家山—老山纵向逆断层组。主要的横向断裂有戴虎山—娘娘山纵向逆断层组；含山黄眉山—昭关纵向逆断层组；黄山头隐伏横向正断层；马鞍山—小戴庄—王庄横向正断层组；巴巴店横向正断层；西仓山南坡横向正断层。斜交断层主要有后头山—鲁家大山平推断层组；金城庙—吃儿山平推断层组；谭山—华阳寺山平推断层组；含山—华阳寺山平推断层组；含山—和县挤压破碎带。

含山—和县挤压破碎带位于和含挤压褶皱带的中段，呈近东西向带状分布。由于它的存在，和含挤压褶皱带南北两段褶皱形态表现明显差异，其北段表现以倒转褶皱为主，而南段则以正常褶皱为主。

当地淮阳“山”字形前弧东翼北东向构造外，东西向构造亦有表现，在两者联合作用下，形成了一系列北东、北北东及东西向的褶皱和断裂。就其生成期而言，东西向构造至少在南象运动早期就已存在，而“山”字形前弧东翼北东向构造的形成则较晚。前者表现为含山—石杨东西向挤压破碎带以及位于该挤压破碎带内含山—腰埠东西向斜；后者表现为和含挤压褶皱带和长江挤压破碎带。石杨东部地区为扬州—铜陵地震带，从东北向西南穿过石杨；还有一条乌江—罗河断层，穿过石杨西部地区。

滁河西岸平原风貌（2017年）　　李俊　摄

平原　河间洼地平原，主要位于滁河沿岸以及湖边洼地，呈带状分布。近河床两旁及湖边洼地，海拔6.5～8.5米。滁河南岸有新桥圩、裕民圩、剪尔圩、铸成圩、陆家圩、大乐圩、皂角圩、九连圩等。

低山丘陵　石杨最高的如方山海拔仅315米，按地貌分类，这一地区应划为陡坡高丘陵（绝对高度小于400米，相对高度100～200米），虽高程达不到低山标准，但都是石质山，为顾及当地习惯称法，以“低山丘陵”概称。低山丘陵为大别山余脉，基本为北东—南西走向，主要为石灰岩、硅质岩、红砂岩、泥质岩组成，山地林木覆盖度差，雨水冲刷作用较强，浅蚀、片蚀现象普遍。

丘陵地形（2016年）　　朱滨华　摄

著名的低山如下：

乌石山 位于石杨镇高关社区，距县城 30 千米，两山夹道中多黑石，故名乌石山。

鹰阿山 又名大尖山，位于石杨镇高关社区，距县城约 20 千米，该山形势耸峭，常有鹰飞集，明末戴务旃避乱于此，号称鹰阿山樵。

如方山 古名六合山，位于石杨镇石杨社区，距县城 30 千米，四望方正，如南京之方山，故名如方山，主峰海拔 315 米，为和县最高山。

掉尖山 位于石杨镇高关社区，距县城 25 千米，主峰海拔 243 米。

戴虎山 古名大壶山、大护山，位于石杨镇高关社区、西埠乡交界处，主峰海拔 200 米。

阴陵山 位于石杨镇绰庙社区北滁河边，距县城 40 千米，主峰海拔 145 米。《中国古今地名大辞典》载："阴陵山，在安徽和县北八十里，接江苏江浦县界。"《舆地纪胜》载："在乌江县西北四十五里，即项羽迷道处。" 项羽迷道处，上有刺枪坑，旁有泽（今裕民圩），即阴陵九曲泽，泽中有项王村，项羽迷道于泽中，周回九曲，后人称之为"九曲泽"。

插花山 位于石杨镇绰庙社区，海拔 62 米，在阴陵山之阳，山上有插花庙，庙祀虞姬（今庙已毁），村民为了求子，每年以三月十八日为庙会，祈报皆插花一枝，故名插花山。后以三月初三为庙会，沿袭至今。

如方山脉植被（2016 年） 朱滨华 摄

四溃山 又名驷马山，位于石杨镇金城社区与江浦县石村庙交界处，光绪《直隶和州志》:“项羽败垓下，走至东城（即乌江），惟二十八骑从，汉兵追至，项羽乃引骑依山为圜阵，四面驰下，溃围折将”，故名“四溃山”。

夹山 位于石杨镇高关社区，距县城30千米，两山壁立，中通如弄，设关以为要塞，为军事要地。1963年，在山下建造夹山关水库。

气候 石杨镇地处中纬度地带、亚洲大陆东部，距海洋较近，受季风环境影响，属北亚热带湿润型季风气候。四季分明，气候温和，雨量适中，光照充沛，无霜期长，光、热、水气候资源丰富。春季天气多变化，冷暖气团活动频繁，初夏多梅雨，盛夏多炎热，秋季天高气爽，冬季晴冷干燥。

根据和县1959—2009年气象观测资料统计显示，石杨镇年平均气温为16.0℃，年平均降水量1069毫米，年日照时数2037小时，无霜期241天。

植被 镇内的地带性植被为混生少数耐寒常绿阔叶树种的落叶阔叶林。山丘为阔叶树和丘陵草场植被，平原为草甸植被。由于农垦和樵采，原始植被已难见到，现存的植被多系人工培育。森林植被，有树木100余种，主要是用材林、经济林、防护林及部分薪炭林，森林覆盖率为8.7%。平原草甸植被以喜湿的禾本科及落草科植物为主，沿江洲滩地多为柳树林带和芦苇。农业植被，有多种农作物。

物候 石杨镇四季分明，气候湿润，动、植物及非生物长期适应光照、降水、温度等条件的周期变化，形成相适应的生长发育节律。掌握物候的变化，以服务于农业生产和科学研究。

石杨镇物候表

表1

时间	动物表现	植物表现	非生物表现
1月	—	室内水仙等草本花卉开放	冬深似海，雨雪霏霏
2月	—	迎春等木本花卉开放	积雪融化
3月	蚂蚁出穴，喜鹊筑巢	上中旬，韭菜、荠菜萌发，柳枝发芽，丁香现蕾；下旬，杏树开花，桃树现蕾	—
4月	蝙蝠飞舞，燕子归来，候鸟飞回，有蛙产卵	香椿、山楂等树抽枝发芽，桑、梓树抽枝发芽，槐树开花，苹果树开花	—

续表 1

时间	动物表现	植物表现	非生物表现
5 月	鱼类、麻雀产卵，兔子交配，春蚕成茧	石榴、梧桐、玫瑰、牡丹、芍药等开花；樱桃、草莓、桑葚成熟；油菜收获，小麦金黄	土壤蒸发量增大
6 月	蝉类始鸣，燕子孵卵	上中旬，麦、杏、李子成熟，西瓜、马铃薯成熟；下旬，荷花含苞待放	进入梅雨季节
7 月	知了鸣叫，盛夏来临	扁豆、葫芦开花坐果，玉米生长旺盛	出梅入伏，常有暴风雨
8 月	红蓝蜻蜓塘边飞舞	玉米收获，蜜桃上市	上旬立秋，天气依然炎热
9 月	红尾鸫等冬候鸟飞来，蟋蟀始鸣，萤火虫飞舞	大豆成熟；大枣、芝麻成熟；玉米上市	—
10 月	蟋蟀鸣唱，大雁南飞过境	山楂、柿子成熟，栗子成熟，小麦、油菜集中播种	秋高气爽，天体星座及银河系清晰明亮
11 月	—	萝卜、芹菜等晚秋蔬菜成熟，大棚辣椒长势喜人；银杏开始落叶，车前草、鹅观草变黄	—
12 月	冬眠动物入蛰	越冬作物停止生长	—

自然资源

矿产

石杨镇地下矿藏丰富，境内属三叠系黄龙岩，其中金城花山熔剂灰岩经省 322 地质队查勘探明 C_1 级储量 2193.7 万吨，C_2 级储量 9301 万吨，主要质量指标为氧化钙 54.04%、氧化镁 0.55%、二氧化硅 1.18%，适合水泥建材或冶金辅助原料。为长江北岸石灰石、白云石主要产地之一，石灰石储量 4 亿万吨以上，品质优良，白云石储量 1.8 亿吨，煤储量 D 级 174 万吨，此外还有磷矿和砂矿。金城、高关有磷矿，适合做磷肥。地下水丰富，泉眼多处，地下矿泉水资源充足，且含钙、锌、钾、硒等 12 种对人体有益的微量元素。

煤 产于侏罗系和二叠系地层下，分布在高关、金城地区。1976 年 5 月，省煤田勘探二队普查资料表明，高关乡煤层储量为 D 级 174 万吨。

白云石 包括熔剂用白云岩和玻璃用白云岩，形成于寒武系、奥陶系白云岩中，产于石杨的姑子山、如方山等地。已探明 C_1 级储量为 745 万吨，C_2 级储量为 2312 万吨。白云石质量指标为氧化镁大于或等于 18%、氧化钙小于或等于 33%、二氧化硅小于或等于 3%，适合做冶金辅助原料。

石灰石 形成于三叠系者龙灰岩。主要产地有绰庙、金城等地，其中金城花山熔剂灰岩，经省 322 地质队查勘探明 C_1 级储量 2193.7 万吨、C_2 级储量 9301 万吨，主要质量指标为氧化钙 54.04%、氧化镁 0.55%、二氧化硅 1.18%，适合做水泥建材或冶金辅助原料。

铁矿 绰庙龙王山赤铁矿，形成于奥陶系下统灰岩裂隙中，省冶金 811 地质队曾进行普查找矿工作，均因品位没有成熟，近百年内尚无开采价值。

磷矿 形成于二叠系孤峰组底部，呈磷结核状，含五氧化二磷 17% ~ 20%，适合做磷肥。主要分布在金城、高关。

黏土 形成于泥盆系五通组石英砂岩裂隙中，主要分布在石杨姑子山一带。1960 年和县地质队普查资料载，姑子山黏土质量为三氧化二铝 32.72%、二氧化硅 52.96%，储量 50 万吨。

石料 分布在石杨全镇的范围内，可加工成品有片石、石子、石粉等，范围大、质量好、储量多，适合做基建用石料。

白云石（2017 年）

石灰石（2017 年）

黄羊

猪獾

刺猬

野生动植物

石杨地区群山环绕，植被茂密，有丰富的野生动植物资源。

兽类　有狼、狐、猪獾、兔、鼠、水獭、黄鼬（俗称黄鼠狼）。

禽类　有燕子、凫（野鸭）、雉、鹌鹑、鸽、雀（有山麻雀、麻雀）、斑鸠、大杜鹃（又称布谷）、鸲鹆（俗称八哥）、画眉、白头翁、鹭、鸬鹚（俗称鱼鹰）、翠鸟、啄木鸟、黄鹂、鹊鸲、杜鹃、鹰、长耳鸮、乌鸦、喜鹊等。

鱼类　有鲫鱼、长颌鲚、短颌鲚、河豚、刀鱼、针鱼、青鱼、草鱼、鳙鱼、鲢鱼、鳊鱼、鲤鱼、麦穗鱼、赤眼鳟、船丁鱼、三角鲂、红鳍鲌、鳜鱼、鲇鱼、黄颡、鳝鱼、鳗鱼、泥鳅等。

节肢　两栖　爬行类　有蚕、蜂、蝉、蝼蛄、蟋蟀、牛虻、蚊、蝇、螳螂、蜘蛛、蚂蚱、灶马、纺织娘、蚁、萤火虫、蝴蝶、蜻蜓、金龟子、天牛、蟑螂、金铃子、蛙、

青鱼

鳜鱼

龟

蜥蜴

蜈蚣

螳螂

纺织娘

蟾蜍、龟、鳖、虾、蟹、蛇、蜥蜴、壁虎、蜈蚣、螺、河蚌、蜗牛、蚯蚓、水蛭等。

树木 有马尾松、国外松、黑松、杉、水杉、泡桐、黄杨、枫杨、青桐、侧柏、桧柏、白杨、榆、槐、樟、乌桕、栎、棕榈、皂荚、檀、刺槐、银杏、椿、楝、梓、野枣、野柿、盐肤木等100余种。

名特药材

石杨地区的名特药材，品质优良、稀有名贵、功能独特、开发利用前景广阔。名特药材主要有明党参、三棱、蘼芜、桔梗、丹参、蜈蚣等地道品种。

明党参 产于和县西北山区，以石杨、绰庙等地居多。明党参是伞形科植物，多年生草本，又名粉沙参、山萝卜。明党参耐寒、耐阴、喜疏光，适宜温暖湿润的气候，野生者常生长于肥沃的山坡或有岩石的山坡上。茎直立，花期4月，花小色白。以根入药，根部粗壮，呈纺锤形或长索形，长约5~20厘米，表面棕褐色或淡黄色，内部白色。

在国际市场上，明党参被视为贵重补品，远销东南亚、日本、美国、印度等国家和地区。

三棱 三棱又名荆三棱。黑三棱科植物，多年生草本。生长在沼地及池塘、沟边浅水中。茎直立，圆柱形，叶丛生，果为核果状。根茎横走，下生粗短的块茎，须根多。呈圆锥形，略扁，长2~6厘米，直径2~4厘米，表面黄白色或灰黄色，有刀削痕，须根痕小点状，略呈横向环状排列。体重，质坚实。其茎、花、实均具有三棱，故名。三棱以块茎入药，秋季刨采，性平味苦，有破瘀通经、行气消积之功效。主治血滞经闭腹痛、瘕积聚等症；根可助消化，治气胀等症。

明党参

三棱

1978年县药材公司收购量高达3.93万千克。改革开放以后，中药材被南京、亳州药商收购。

蘼芜 蘼芜是石杨地区名特药材，文字记载最早可追溯到南北朝时期。南梁陶弘景编纂的《本草经集注》中记载："蘼芜今出历阳，处处亦有，人家多种之。"明代李时珍《本草纲目》也有蘼芜"今出历阳（时石杨属历阳管辖），处处人家多种之"的记载。

蘼芜，古称芎䓖，伞形科植物，多年生草本。高40~70厘米，全株有浓烈香气。数茎丛生，中空有节，节处膨大，叶互生，羽状复叶，有长柄，叶片羽状深裂，裂片一般细小，表面深绿，背淡绿，复形花序生于枝端，簇生白色小花。根基为不整齐结节状团块，黄棕色。实为芎䓖的苗叶。一般于春、夏季采收幼嫩茎叶，鲜用或晒干入药。有疏风平肝、养血活血、补气强壮等功效。蘼芜，生长于排水良好、干湿适中的微酸性或中性土壤。

桔梗 产于石杨、绰庙、香泉一带山区，属石杨特产药材之一。宋代《大观本草》附有"和州桔梗"图。

桔梗，多年生草本植物。生长于山坡地带，现亦有家种。植株一般高30~90厘米，全株光滑无毛，花冠蓝色或白色。根肥大，圆锥形，春秋两季均可采挖，以秋采者体重质实为佳。挖取后去净苗叶，洗净泥土，即浸泡水中，刮去外皮，晒干，如遇阴雨应立即烘干。干燥根全长6~30厘米，直径0.5~2厘米。表面白色或淡棕色，皱缩，上部有横纹，通体有纵沟，下部尤多，并有类白色或淡棕色的皮孔样根痕。质坚脆，易折断，断

蘼芜

桔梗

面类白色或类棕色，中央无髓。以条粗均匀、坚实、洁白、味苦者佳。桔梗以根部入药。味辛苦，性平，具有润肺、止咳、祛痰、排脓之功效。主治咳嗽痰多、胸闷不畅、咽痛音哑、肺痈吐脓等症。

1974 年，县药材公司收购量高达 1.65 万千克。2018 年后，江苏、安徽两省到此收购桔梗。此药材属全国紧俏药材之一。

丹参 多产于石杨地区。丹参又名紫丹参，红根。唇形科植物，多年生草本。一般生于海拔 120 米以上的山坡阳处。植株高 30~80 厘米，全株密被黄白色柔毛及腺毛。花期 5—9 月，果期 8—10 月。根细长呈圆柱形，外皮朱红色。11 月上旬至翌年 3 月上旬均可采收，以 11 月上旬采挖最佳。

丹参以根部入药，气弱，味甘微苦。具有活血化瘀、安神宁心、排脓止痛之功效。主治心绞痛，瘀血腹痛，骨节疼痛，惊悸不眠，妇女月经不调、痛经，恶疮肿毒等。

黄精 又名鸡头黄精、爪子参、老虎姜、鸡爪参。根茎横走，圆柱状，结节膨大。药用植物，具有补脾、润肺生津等数十种药用价值。

蜈蚣 石杨镇绰庙黑头蜈蚣最为有名，当地药农称它为“铜头蜈蚣”，盛产于龙王山北麓一座无名小山，当地群众称它是“ 蜈蚣山”。蜈蚣，具有息风止痉、解毒散结、通络止痛的功效，能治疗中风、癫痫、破伤风、结核、百日咳、风秃、白癣等病，并具有一定的抗癌作用。

20 世纪 60 年代初，当地群众捕捉蜈蚣出售。1984 年，县药材公司收购 50 多万条（大

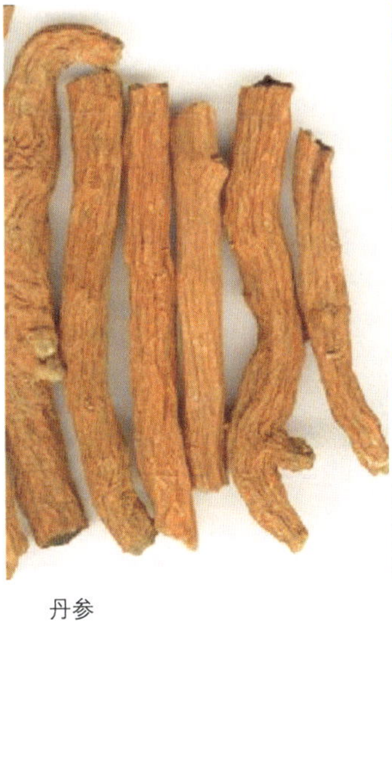

丹参

黄精

部分是黑头蜈蚣)，是收购量最高年份。和县收购的蜈蚣 50% 供出口外销。

水资源

石杨镇区域内有 60% 的水域和沼泽地，流入长江的河流有驷马新河和滁河。

驷马新河 1969 年兴建，1971 年建成。全长 28 千米。流经石杨境内约 17 千米。由石杨金港东转，经小胡桥、四澧山，再经乌江驷马山大闸，注入长江。这是一条黄金水道，可抽江水 550 立方米 / 秒引灌；分泄滁河洪水 500 ~ 600 立方米 / 秒入长江。不仅沟通了滁河在安徽境内直通长江的航运，而且从根本上解决了滁河上中游的缺水问题，同时能使滁河上游洪水及时通过驷马山干渠泄入长江，减轻滁河下游的洪水威胁，真正起到旱能灌、涝能排的综合效益。

滁河 古称涂河，又称涂水，干流全长 269 千米。发源于肥东县，由含山县经和县善厚、陶店、石杨、金城、绰庙东流出县境，至南京市六合区入长江。其中滁河和县段河长 46 千米，汛期最高水位 13.2 米，冬季最枯水位 7 米。

地下水 石杨属低山丘陵区，有潜水式局部承压水，泉眼分布广，主要有金城泉水苏、下汾刘、高关陡山石兴壳、绰庙友谊泉和霸王泉水。一般泉涌水量每小时 1000 ~ 5000 立方米。

铸陆村地下泉水（2016 年） 李伦凤 摄

水库　石杨镇水系发达，山区建有水库22座，当家塘259口，圩区沟渠密布。水系为长江支流，属驷马山河流域，汇入滁河，经驷马山枢纽水利工程流入长江。地下水丰富，泉眼多处、地下矿泉水资源充足，水质清澈甘甜，含钙、锌、钾、硒等12种对人体有益的微量元素。

大金庄水库（2019年）　　高小真　摄

夹山关水库（2019年）　　高小真　摄

人口

人口总量 2010年第六次全国人口普查，石杨镇总户数11413户，总人口37600人，2018年6月，全镇户籍人口40265人，其中男性20872人、女性19393人，性别比108。常住人口29733人中，0~14周岁4596人，15~64周岁20904人，65周岁以上4233人，总抚养比42.24%，少儿抚养比21.99%，老年抚养比20.25%。

2020年第七次全国人口普查，全镇人口41912人。

人口结构 石杨境域大量荒地引来江浦、滁州、巢湖、安庆地区移民前来垦荒，清代时期移民达到鼎盛，人口逐步增加。抗日战争时期，日军侵略石杨，造成石杨人口减少。新中国成立后，社会稳定，石杨人口增长较快。历来为汉族聚居地。由于婚嫁、工作等原因少数民族人数渐有增加。2010年第六次人口普查时，石杨镇回族27人、藏族23人、蒙古族1人、苗族77人、彝族62人、壮族30人、布依族5人、满族3人、白族3人、土家族20人、哈尼族6人、土族2人，黎族、傈僳族、佤族、畲族、仡佬族、怒族、撒拉族、蒙古族、侗族、瑶族各1人，其余均为汉族。

主要姓氏 石杨古驿道以石、杨、邹、姚、叶、屠、邵、熊、王、郑姓为主；绰庙以盛、滕、樊、包、张、王、武、翟、秦、芮、姜、周姓为主；金城以乔、翁、荆、谷、汤、李、殷、蔡、晏、吴为主；高关以戴、胡、姚、邢、潘为主。

2018年，全镇共有姓氏301个。达到1000人以上的姓氏有10个，分别是王、李、周、黄、张、翁、陈、吴、潘、杜，还有端木、欧阳、上官3个复姓。2003年以来，随着独生子女结婚后，两家逐步出现双方姓合体的复姓，如郑李某某、潘杜某某。

就业转移 石杨是以农业人口为主的镇，四周皆与大中型城市毗邻，域内流出人口数量较大，截至2018年年底，全镇流出总数为11151人，占人口总数的29%，主要流向南京、苏州、无锡、常州和上海方向。且女性流出规模和频率逐年提高，女性流动的主动性加强。流动人口一方面为流入地增加了经济总量，同时也为流出地带回了新思想、新技术、新观念。既增加了流出人口和经济收入，也促进了流入地的经济发展。

经济发展

石杨镇以林、牧、渔发达和商贸兴盛著称，原绰庙、高关、金城地区在明清时期百业兴旺，是商贾汇集之地。20 世纪 80 年代，石杨镇畜牧业拓展到南京、上海地区，传统农业得到了快速发展。但工业基础薄弱，1949 年 10 月 1 日前，石杨只有一些以农产品为主要原料的小型作坊，如糕点作坊、豆制品作坊、油作坊等，还有一些个体手工经营户。新中国成立以后，个体手工业者走上合作之路，各类作坊实行公私合营，组织了供销合作社。在“大跃进”时代，办起一部分小型加工厂，但受到自然条件的制约，所

石杨镇水系（2017 年） 朱滨华 摄

办企业以农副产品、石料资源粗加工为主，规模小，效益低。改革开放以后，石杨镇工业和服务业逐步发展成为经济的主导产业，成为农民收入的主要组成部分。特别是近几年很多大型企业的落户，使石杨镇经济得到快速的发展，经济总量和效益均位居全县前列。

2018年，全镇完成规模以上工业总产值30亿元；规模以上工业实现增加值10亿元；完成全社会固定资产投资13亿元；完成限上社会消费品零售额800万元；实现财政收入4.7亿元。各项经济指标居全县首位。

农业

石杨镇土地肥沃，水系发达，种植业和林业是全镇人民收入的主要来源，农作物品种主要有水稻、小麦、油菜。20世纪90年代以后，石杨镇优化产业结构，发展优质高效订单农业。随着“青山绿水”工程的推进，传统养殖业（养牛、养猪、养鱼、养鸭、养鸡）转产转业步伐加快，培养扶持了一批粮食龙头企业，订单农业也得到发展。金城米业生产的“九湾牌”大米不仅省内畅销，还销往广东、浙江等省。强力推进农业结构调整，大力调整农业产业结构，加快现代农业示范园区建设，增强农副产品的核心竞争力，建成了明信水产、顺天农场、黄河蔬菜等一批国家和省市级新型农业经营主体，高滕葡萄直销合肥、南京等超市，新农蔬菜产业园蔬菜瓜果直销香港、台湾等地，优质水稻远销上海、深圳等地，波尔山羊成为大城市餐桌上的必备佳肴，高滕葡萄、先锋

石杨镇基本农田（2018年） 朱滨华 摄

板栗、万源冬桃成为周边城市到石杨镇旅游必购品。全力推进休闲观光农业建设，着力打造白果山庄休闲农业观光园及苗木种植基地。注入了现代基因的传统农业健康快速发展。

2018 年，全镇共有农业专业合作经济组织 46 家，成员 336 人，家庭农场 42 家。全镇实现农业总产值 2.87 亿元，其中种植业 1.84 亿元、牧业 1.07 亿元、林业 0.11 亿元、渔业 0.21 亿元。主要农产品产量分别为粮食 3.89 万吨、油菜籽 0.15 万吨、蔬菜 0.7 万吨、水果 0.3 万吨。主要畜禽产品产量分别为牛猪羊肉 1.6 吨、禽肉 0.3 吨。年末畜禽存栏量有牛 200 头、生猪 30070 头、羊 3000 只、家禽 12 万羽。主要土特产有百年古板栗，中药材蜈蚣、党参、黄精、杜仲、桔梗等。

农场 1967 年，中国人民解放军装甲兵后勤部一个营在石杨区开垦荒地，创办农场。1975 年，该营撤离石杨，农场移交地方，改为和县农场。后因驷马新河疏通，将该场截为南北两块。1979 年将南场改为和县稻麦良种场，有耕地 90 公顷，固定资产 25.61 万元，职工 188 人，平均年产粮食 250 吨、油料 45 吨，提供稻麦良种 40 吨左右。1979 年，和县农场撤销。

棉花原种场 1953 年，在和城南门外，成立和县农业试验示范场（又称县委试验场）。1965 年改为棉花原种场。1974 年，该场棉花发生黄萎病，为防止蔓延，迁址绰庙乡军民圩（原为军垦农场），因开挖驷马新河将和县农场劈为南北两场，北场划为棉花原种场。1988 年，该场有耕地 112.87 公顷，固定资产 31.33 万元，职工 198 人，每年可培育棉花原种 5 万千克、油菜良种 10 万千克。2017 年搬迁出石杨镇。

制种 石杨镇水系发达，圩区适合水稻的生产。2002 年，裕民村同和县种子公司签订合同，利用圩区 333.33 公顷土地建设水稻制种基地，主要培育杂交稻、粳稻种。2008 年，又与合肥荃营制种公司合作，培育水稻良种。种植户每亩比常规种植可多收入 500 元左右。此后，除了培育水稻种，裕民村还进行了蔬菜种子的培育，培育豇豆种、萝卜种等。2013 年，石杨八禁村也开始了水稻稻种的培育。2019 年以后，育种扩大到新农、裕民等村。

畜禽业

石杨地区古代先民在河滩高地筑起自己的居室，从事渔猎活动，并开始饲养畜禽，包括猪、牛、马、羊、鸡、狗“六畜”。畜禽业附属于农业生产，并为农业生产服务，一向作为副业看待。饲养猪和羊除提供食肉外，其作用还在于积肥，石杨地区农谚中有

"养猪不赚钱，回头望望田"的说法。旧时都是以家庭为单位饲养。

随着经济的发展，畜禽业的地位迅速提高，不断涌现出畜禽养殖大户、养殖场和养殖合作社，畜禽业在石杨农业经济中占据了一定的比重。转变了畜禽业生产方式，发展规模养殖，规模化养殖推进全镇畜禽业从传统养殖方式向现代畜牧业养殖方式转变，促进畜禽业从传统养殖向现代养殖转型升级。

猪 养猪在石杨镇农业经济中具有重要地位，1988 年为 2 万多头。在石杨镇润发养猪场、高关国平养猪场、花园养猪场等的带动下，形成了规模养殖。1990 年以后，养猪能手纷纷在上海郊区承包养猪。

石杨镇猪的品种有江淮黑猪、内江猪、荣昌猪、太湖猪，引进品种有杜洛克、巴克夏、长白、大约克夏等种猪。

牛 责任田包产到户前，家家有牛 1 ~ 2 头，1988 年石杨镇水黄牛饲养 4000 多头。石杨明辉家畜养殖有限公司率先实行规模化养殖。

羊 石杨镇属丘陵山区，山场资源丰富，牧草旺盛，四季都可牧放，非常适宜山羊生长，农户有饲养本地山羊的习惯，多则每户养 50 只，少则每户 3 ~ 5 只，饲养在家前屋后的丘陵山岗。1988 年达到 6914 只。20 世纪 90 年代引进波尔山羊品种，出现许多规模养殖户和养殖基地。

鸡 鸡是石杨镇传统小农经济时代农民家庭养殖主要品种，以散放在房前屋后为主，基本

石杨润发养猪场（2019年） 和县农委 提供

石杨明辉家畜养殖有限公司（2019年） 马维国 摄

大棚养鸡（2019 年） 石杨镇政府 提供

大棚养鸽（2019 年） 石杨镇政府 提供

不需喂食，多为肉蛋兼用型。20 世纪 90 年代初，石杨镇规模养鸡已成为养鸡业的主流，并引进西德罗曼蛋鸡、星杂 579 良种鸡。罗曼蛋鸡 18 ~ 20 周龄见蛋，22 周龄开产，高峰期产蛋率为90%~93%，12个月产蛋285~295枚，蛋壳棕色，平均蛋重63.5 ~ 64.5克。星杂 579 鸡，18 ~ 20 周龄开产，每只鸡年产蛋 270 ~ 280 枚，平均蛋重 62 克。

2014 年，石杨镇出栏鸡为 12 万羽，其中养鸡大户 48 户（场）。

石杨镇大棚养鸡兴起于 20 世纪 90 年代初，大棚养鸡是石杨农村在规模养殖中兴起的一项新技术，具有投资低、效益高、环境污染少的特点，可达到“农业增效、农民增收”的目的。

特种养殖业 石杨镇注重发展特种养殖业。据调查统计，2000 年以来，全镇兴起养肉狗户，养七彩山鸡户，养野鸭户，养绿壳蛋鸡、贵妃鸡户，养鸽户，养野猪户。随着专业化趋势的加强，社会服务体系也逐步兴起和完善。2010 年，和县普遍推行畜禽防疫“四定一统”新机制，为畜牧业生产提供了强有力的支持。建立畜禽防疫“以钱养事”新机制，推行“定防区、定任务、定指标、定报酬和统一收费标准”的方法，明确防疫任务、报酬、考核办法，极大地调动了防疫员的积极性，畜禽免疫密度和质量大幅度提高，畜禽疫病得到有效控制。除了社会上建立的服务体系外，各地新创办的畜禽服务行业更是把养殖业服务提高到前所未有的水平，养殖户足不出户，打个电话，种苗、饲料、药品、产品销售、技术服务就会送上门，养殖户专心饲养，极大地提高了专业化生产水平。

2019 年年底，石杨镇猪存栏量 15 万头，出栏量 22.5 万头，产值 4.5 亿元；羊存栏量 10000 只，产值 700 万元；牛存栏量 500 头，出栏量 150 头，产值 150 万元；家禽存栏量 50 万羽，出栏量 300 万羽，产值 9000 万元。

渔业

石杨地处滁河中游，有着广袤的荒水、荒滩，渔业的出现比农业更早。先人们傍水而居，在水边高地上筑起居室，饮水食鱼，生活得到充足保障。

石杨地处长江下游北岸，滁河直通长江，境内水网密布，沟渠纵横，资源十分丰富。据《和县志》记载，三四十万年前的古和州，就有龟、鳖、鳄等大型水生爬行动物的存在，那时石杨地区的水域广阔，水中有鱼、虾等其他小型水生动物。并在龙潭洞中发现人的踪迹。由此可以推测石杨地区人们古往今来的渔业生产和生活的宏观情景——一个有山地、森林、河流、沼泽、草地的地方，人们依水而居，水边绿树成荫，水中鱼

鲴鱼

鲇鱼

虾成群，人们和睦相处，劳动着、生活着，从远古走向现代，渔业生产从野生猎捕到人工养殖，创造了一个又一个渔业文明。

石杨地区原属巢湖地区，新中国成立后对巢湖区域鱼类普查有四次，结果表明，鱼类品种有 94 种，隶属于 11 目 21 科，有鲟鱼科、白鲟科、银鱼科等。

据 1995 年编纂的《和县志》记载，石杨范围内鱼类资源丰富，品种为 100 余种，常见的有鲢鱼、鳙鱼、草鱼、鳊鱼、鲤鱼、鳜鱼、鲫鱼、鳗鱼、鲇鱼、针鱼、燕鱼等。甲壳动物和软体动物有鳖、田螺、螺丝、蚌、虾，另有黄鳝、泥鳅等。1972 年引进了非洲鲫鱼、红鲤鱼、越南鱼等新品种。鲢鱼、鳙鱼、鲤鱼等是石杨地区的主打产品。

河蟹 石杨熊庄等地开展生态养殖河蟹，采取种草、投螺、稀放、套养的方式，生产优质大规格商品蟹，主要销往南京、上海、杭州等外地市场，部分经上海、浙江商贩转销新加坡等国家及中国香港、中国台湾等地区，深受消费者欢迎。

黄鳝 民俗云："小暑黄鳝赛人参。"石杨绰庙等地用池塘网箱养殖，苗种经 10 天左右的人工驯化后，可投喂黄鳝专用颗粒饲料，每平方米投放幼鳝 1 千克左右，2019 年每箱可获纯利润 1000 ～5000 元。

河蟹

黄鳝

水产养殖 全镇有水面8000亩，已开发约4000亩，主要集中在圩区熊庄村和石杨村，2001年熊庄村将1900亩水面发包给江苏兴化市养殖大户养殖螃蟹。其余水面采取分散发包，已有500亩水面养殖珍珠和淡水鱼类。

明信水产养殖合作社 明信水产养殖专业合作社成立于2009年，合作社利用滁河岸边上千亩的荒滩荒水进行改造，变成综合、立体养殖模式，引导周边稻田种植户开发稻田种养结合。合作社初期注册资产60万元。2019年合作社有固定资产千万元，流动资金120多万元，合作社有社员115人，取得合法养殖面积1020亩。通过立体、综合养殖，合作社的农户们比专门种植水稻的种植户每亩每年多收入2000多元，吸引周边种植户纷纷进行种养结合。

2019年年底，全镇水产产量250万千克，产值1.5亿元。

明信水产养殖合作社（2019年） 李俊 摄

林业

石杨镇是多山地区，林业是石杨的特色产业。新中国成立以后，实行国有、集体、个人三级林权。国有如方山林场；集体有中山林场、幸福二林场、河洼村林场、先锋林场等；个人拥有自留山，种植各种经济果木和名贵树种。

如方山林场 1959 年 12 月创办，为国有林场，位于石杨区境内，山场面积 1785.87 公顷，有林面积 1013.27 公顷，其中用材林 886.27 公顷、经济林 127 公顷。下设李伏、何凹、小姚、泉水 4 个作业区，三好、张家岗 2 个护林点，以营造用材林为主。该场在基本完成造林任务后，从以造林为主转向抚育间伐为主，并大力发展多种经营，创办了木材加工厂、饮料厂等经营主体，取得了良好效益。

中山林场 位于绰庙乡，属乡村林场。该场有林地 41.4 公顷，其中竹林 6.87 公顷，每年竹林收入 1.5 万元，木材蓄积量 1265 立方米。

幸福二林场 位于绰庙乡，属乡村林场。该场建于 1973 年，经过 16 年的开荒造林，到 1988 年有林地面积 33.33 公顷，年收入 2 万元。

何洼村林场 位于石杨乡，属乡村林场。1988 年有林地面积 200 公顷，木材蓄积量 6000 多立方米，年收入 3 万元。

先锋林场 位于绰庙乡，属乡村林场。有林面积 293.73 公顷，其中用材林 226.67 公顷，木材蓄积量 7733 立方米，竹林 4.47 公顷，板栗 2.47 公顷，桃、梨、银杏等 13.33 公顷，年产值 8 万元。

杜仲林 1990 年，绰庙乡本着绿化荒山、发展本地经济的理念，发动群众开展植

幸福二山林（2018 年） 马维国 摄

如方山林场（2018 年） 马维国 摄

树造林活动。在县林业局的指导下，在先锋口、尖山一带一次性栽种5000棵杜仲树苗。杜仲不仅能绿化荒山，美化环境，而且它的树质坚硬细密，是高档家具、工艺品的良材。同时，干皮、根皮以及叶子都有着很高的药用价值。截至2018年，该杜仲林已发展到20公顷，30000多棵。

银杏林　银杏树不仅可以绿化，银杏果还有很高的药用价值，银杏叶也是制作降压药的原材料，树干更是高档家具良材。银杏树最早引进石杨是1959年，时任石杨区绰庙人民公社先锋大队主任万益均带领大队干部在中山村东王水库旁种植了一片银杏林，已成材30棵，成为中山村林业的一大亮点。树干最高的达20多米，最粗直径有80厘米，属于地方名贵树种。早在20世纪80年代已经载入安徽省名贵树种目录。

1994年，时任先锋林场场长、共产党员井良友从东王银杏林看到了银杏的价值和发展前景，主张大栽银杏。发动各个生产队，全员上阵，又在狮子山一次性栽种400余亩银杏树。经过二十多年的培育管理，生长成林。据不完全统计，整个先锋村的银杏树约有30000多棵，是当地村民的一大财富。

工商业　新中国成立以前，石杨工业主要是传统手工业，如粮食加工、油坊、铁匠铺等。石杨镇高关街道上有一家耿记油坊，是乾隆年间开设的手工作坊，当时规模比较大，一直到现在还保存有乾隆年间制作的巨大石碾。到了20世纪80年代初，石杨镇的乡镇企业才逐渐发展起来，建起麻纺厂、草席厂、塑料厂等。改革开放以后，形成以石料开采和水泥生产为主的建材工业，以水泥构件、空心黏土砖制造为主的型材工业，以粮油加工、糕点制作为主的食品加工业，以服装、板材加工为主的轻工业，以矿泉水生

盘景水泥厂（2019年）　　马维国　摄

产为主的饮料工业五大工业体系。2018 年，全镇有规模以上工业企业 4 家，涉及新兴绿色建材产业 2 家，实现工业总产值 30 亿元，实现利税 4.7 亿元。其中盘景水泥是国家重点扶持的大型水泥企业，拥有 3×4500t/d 熟料水泥生产线带纯低温余热发电系统，3 条生产线均采用新型干法水泥生产技术，生产过程由中央控制产品质量，能源节约和环境保护处于领先地位。年生产高标水泥 800 万吨，发电 2 亿千瓦时，年销售额超 16 亿元，在安徽省百强民营企业中位列前 20 名，在马鞍山市工业企业中排名第 4 位，是和县第一纳税大户，先后获“省民营企业前 20 强企业”“安全生产先进企业”“省两化融合示范企业”“省诚信企业”等荣誉称号。

社会事业

文化

境内文化活动源远流长，如魏晋时期佛文化、明清时期三戴文化、端木草堂文化。

绰庙社区文化广场（2019 年）　　高小真　摄

中华人民共和国成立后，群众文化活动日益丰富。1951 年，绰庙、金城、高关等各乡成立文化站。每逢农历三月三庙会，舞龙，踩高跷，划龙船，“捕河蚌精”，送图书、科技下乡等活动均要持续多日，广场舞、文艺演出团体活动不断。

镇老年大学成立书画协会，20 多名会员分别加入了县、市、省、中国书法家协会，许多书法作品获奖。

图书馆　2011 年筹建了石杨镇图书阅览室，全镇每个村和社区都建立了图书馆，有图书 3.5 万册。

如山湖诗社　2018 年 3 月 4 日，石杨镇文学爱好者邀请马鞍山太白诗社和南京《雨花》杂志社部分诗人、作家到石杨镇，开展“我为石杨写首诗”主题文学采风活动，以诗歌、文艺的形式展现大美石杨。采风团实地感受石杨镇经济发展、社会事业中的喜人成果及历史文化韵味，并通过自己的所见所闻积累诗词创作素材、寻找艺术灵感。在随后的座谈会上，大家踊跃发言，为石杨文化建设建言献策，“如山湖诗社”呼之欲出。4 月 2 日，经业务主管单位和县文联批准，注册登记单位和县民政局同意，和县如山湖文化活动中心正式成立。

如山湖诗社积极组织与南京《雨花》《扬子江诗刊》及马鞍山《太白诗刊》等文学团体、杂志开展相关文化活动，邀请苏皖两地一大批知名作家参与其中，大大提升石杨镇对外知名度和美誉度。

石杨社区图书馆一角（2019 年）　高小真　摄

诗社活动（2018 年）　倪林　摄

教育　清末，境内创办新学，为和县各乡镇之先。绰庙乡小学创建于清光绪三十一年（1905），该地廪生曹曙堂，带头捐资，发起筹款，在旧东岳庙扩建12间房舍，兴办学堂，占地900多平方米，学校名曰绰庙镇学堂。当时开设国文、算术、英文、修身、体操等课程，有学生70多人。

民国初年，绰庙镇学堂改为绰庙小学校。学生逐年增到100人左右，经费主要由政府拨给。抗日战争期间，改为金绰小学。抗战胜利后，又改为金绰乡第一中心国民学校。新中国成立前夕，经费无着落，学校遂告停办。其时李山樵、禹令闻返乡，借用杨姓小楼，兴办绰庙民办中学和高等小学。

中华人民共和国成立后，学校由县人民政府接管。1950年，民办中学并入城内和县初中，小学迁回大庙。1952年，该校转为公办，成立绰庙乡中心小学。之后，逐步发展到9个班，学生400多名。1969年，另建校舍，改名为“绰庙五・七学校”，增设初中班。1978年，中、小学分开。1981年仍恢复为乡中心小学。历任校长有曹曙堂、孙毓繁（女）、倪尚杰、季益林、李家声、杨晓夫、孙以成、章维政、李祖明、秦贤铸、周德富、赵元鑫、沈蓉等。1941年，和县一中迁至石杨镇。中华人民共和国成立后，石杨镇创办4所中学（石杨中学、高关中学、金城中学、绰庙中学），4所小学（石杨小学、高关小学、金城小学、绰庙小学）。截至2018年，石杨镇在校中学生385人；4所小学学生980人；有11所幼儿园，在园幼儿300余人。学前教育和成人教育发展迅速。

医疗卫生　石杨镇素有“中药材之乡”之称。明清时期，江苏、安徽两省设点在此收购中药材，宋代有中医在绰庙行医。

1958年11月石杨镇成立医院，1965年6月更名为石杨人民公社医院，1983年6月更名石杨乡卫生院，1986年10月更名为石杨区卫生院，1989年5月更名和县石杨中心卫生院，2010年11月，更名为和县石杨镇中心卫生院。2019年12月，石杨镇医院编制数50人，临床医生16人，护理人员19人，中高职称13人，管理和工勤人员各1人。

居民生活

收入消费 1977 年，境内城镇居民人均年收入 340 元，农民人均年收入 130 元；城乡平均年收入 230 多元，人均年消费 180 多元。改革开放以后，居民收入逐年提高。2018 年，城镇居民人均年可支配收入 33098 元，农民人均年可支配收入 11862 元。

2018 年，农村自来水、有线电视、互联网均实现全覆盖，村村通公路，公路两旁林立太阳能照明路灯，多数家庭拥有轿车。

休闲娱乐 清代以前，民众娱乐活动有祭奠河神、看绰庙庐剧、逛茶馆等。清代开始设有茶楼，喝茶成为金城、绰庙、高关地区的一大特色，清晨集聚茶馆，泡上一壶香茶，搭配花生米、干丝、五香豆，大家在一起谈天说地，甚至乡里有矛盾纠纷的都不需去衙门，先请当地有名望的人前往茶馆调解。

绰庙庐剧（2019 年） 高小真 摄

现在村村有健身广场、图书室，广场舞风靡社区，篮球队、足球队、乒乓球队、自行车队、"走吧"、书画组、摄影组等群众文艺团体陆续建立，旅游、健身等休闲娱乐逐渐流行。读书会、笔会、诗朗诵活动每年在如山湖举办数十场。

社会保障　20 世纪 90 年代，全镇逐步建立和完善社会保障制度。2010 年，推出社会养老保险，将所有城乡居民纳入养老保险范畴。同时对 70 周岁以上高龄的老人实行养老基本生活补助。2018 年，全镇有 23142 人参加城乡居民养老保险。

石杨镇医疗保险制度逐步实现全覆盖，2018 年农村医疗参保人数 32666 人，参保率 96%。全镇享受低保人数 1411 人。

出行方面，村村通了公交车，极大地方便了群众，使群众幸福感、获得感增加。

太阳能路灯（2019 年）　高小真　摄

乡村公交车（2019 年）　高小真　摄

名胜古迹

石杨，自古隶属历阳管辖（历阳建城据文字记载有2000多年历史），是历史上著名的古驿道，留下皇帝君王、墨客骚人、商贾及达官显贵的足迹，成为他们巡视、驻足、休闲之地，山水留住了名人，又因名人而扬名。

又因毗邻六朝古都南京，历朝历代遗迹甚多。

遗址

王后城遗址 位于王后城村北，为新石器时代晚期遗址。南有涧湾，北傍驻马河，东接滁河，西侧为较平坦的圩田。

此遗址为土墩子，呈长梯形，高出农田 8 米，南北长 200 米，南端东西宽 120 米，北端东西宽 80 米，面积 20000 平方米。其上种有棉花、山芋、黄豆等旱作物。地表遗物、遗迹丰富，地表 0.5 米以下有厚达 2~2.5 米的文化层。

文物分石器和陶器两大类。石器主要有石斧、石锛、石凿、石镰，这些生产工具均通体磨光，制作精细。陶器均为器足和残片，可辨器形主要有陶鬲、陶鼎等生活用器，以泥质和夹砂红陶、夹砂灰陶为主，印纹硬陶次之，也有极少黑陶、白陶。纹饰有回纹、绳纹、席纹、指甲纹、弦纹、纵线平行刻纹、附加堆纹等，也有素面的。遗迹中有大量的红烧土块、灰层以及众多的蚧壳、蚌壳、螺蛳壳等。

王后城遗址（2018 年） 李俊 摄

战国铜斧　范小筱　摄

战国乳紫玉环　范小筱　摄

三国神兽铭文镜　范小筱　摄

遗址保存完好，文化层较厚，遗存丰富，具有一定的历史、艺术和科学价值，对研究新石器时代的社会形态、社会生产和社会生活具有重要意义。1989 年被和县人民政府公布为县级文物保护单位，2015 年被马鞍山市人民政府公布为市级文物保护单位。

将台山遗址　位于铸陆行政村后周村东南 100 米，为商周时期古遗址。因传说曹操于此点兵而得名。系椭圆形土墩，面积 1.1 万平方米，墩高约 7 米，文化堆积厚约 1.5 米。采集的陶片以夹砂红陶居多，纹饰有绳纹、刻划纹等，器物残片有鬲足、罐腹、盘口等。土层中有螺蛳壳、蚌壳等，山麓有沉积岩，土墩乃地壳隆起而成。遗址上种植有农作物。现建有周家宗祠。由于人们的生产生活活动频繁，对遗址表面造成一定的破坏，保存状况一般。2012 年 7 月被和县人民政府公布为县级文物保护单位。

将台山遗址（2018 年）　李俊　摄

小邵出土商周时期文物　　范小筱　摄

小邵遗址　位于石杨镇小邵村西 50 米，商周时期遗址，海拔 20.6 米、面积 6710 平方米，为一台形阶地，北部稍宽。红烧土较多，采集的陶片以夹砂红陶、灰陶为主，纹饰主要为绳纹、几何纹等，器形有鬲足等。

五里墩遗址　位于高关社区东侧一台形阶地，长 105 米、宽 70 米，东西较长、南北略窄，海拔 28 米。遗址上面有红烧土堆积，陶片有夹砂红陶、黑陶，纹饰有菱形纹、连续回纹、雷纹、绳纹等，器形有豆、鬲足，都是商周时期遗存。此处已采取了文物保护措施。

五里墩出土商周时期陶片　　范小筱　摄

高关出土汉代盘口双耳环铜罍　　范小筱　摄

塘营遗址（汉代聚落址）(2016 年)　　马矩林　摄

塘营遗址　北纬 31° 58′ 21.8″，东经 118° 19′ 36″，海拔 6 米。位于石杨镇金城行政村塘营村东南 100 米，汉代聚落址，面积 5627 平方米。文化堆积厚约 1.5 米，采集的遗物有筒瓦、板瓦碎片及陶罐残片等。

遗址东临驷马河，南临金城行政村，西是大王村，北与市级文物保护单位王后城遗址相距不远。遗址上种植农作物，为丘陵地带，四季分明。

由于村民的生产生活活动较频繁，遗址受到了一定的破坏，保存状况一般。

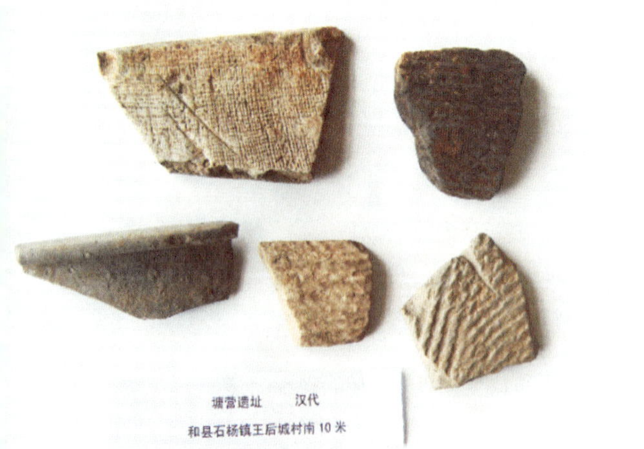

塘营遗址采集的文物　　范小筱　摄

塘营出土汉代青釉双耳水波纹陶瓿　　范小筱　摄

老街

高关老街 高关最早叫冈店，据说当时居民都是元末明初移民。朱元璋屯兵此处，以攻打对岸的陈友谅，并因此地四面环山、山道险峻、易守难攻，又是凤阳到历阳的必经之地，故曾想建都于此。明代曾繁荣一时，有耿家油坊、葛家饭店旧址、福寿碑等历史遗存。

石杨老街 石杨老街原为东西走向，随着此处成为原石杨公社、石杨区治所，人口增多，老街渐向东、向南、向北发展，遂成十字形。街上有杨仁愿三兄弟古屋、费祥珍家老屋，木椽青瓦，皆有百年。杨氏老屋有大量旧家具、旧农具，院中有树龄达 70 年的香椿树。街西有石拱桥，历史悠久。

街南原有池塘，名为车塘。传说孔夫子路过此处，有一独轮车损坏无法修理，抛之

高关老街（2016 年） 马维国 摄

塘中，百姓一直称此为“车塘”。1940 年日军修筑官渡大桥，从滁州运矿石至车塘时翻车，令百姓用水车把水抽干，故名“抽塘”。因池塘周围多是民居，加上 20 世纪 80 年代初抽塘西侧建起门面房，居民生活污水全部排入水中，“抽塘”成为“臭塘”。现抽塘已填，建成文化广场，有戏台与篮球场以及公厕，宽敞整洁，成为居民休闲之所。

金城老街 金城原叫荆陈，因有荆、陈两个大户，后因谐音写成金城。

日军占领和城后，国民党县政府迁往善厚集，仅辖金杨、高皇、善厚 3 个乡。造成金城街的一度繁华。曾有 7 家酒楼、5 家茶馆，从早到晚人流不断。街道四周有围墙，两头有关口，相对封闭。20 世纪后期，曾是原金城乡治所。街道呈南北走向，长约千米，宽约 5 米，皆水泥路面，有禹家、樊家老屋，皆百年以上。

绰庙老街 位于和县、全椒县、原江浦县三县交界处，旧时因此处三面环山，一面临水，鸟雀甚多，鸟鸣不绝于耳，也被称为雀庙集。古代设州、府，雀庙集为“西九都”。街上原建有东岳大帝庙。因此庙坐东朝西，前殿后厅，左右厢房，故而得名“绰庙”，绰庙即大庙。约在民国初期改为“绰庙乡”。

昔日的绰庙街，以大庙为中心，东为主集市，南、北、西均为青石板铺成的小巷，巷内酒肆、茶楼、商店、作坊遍布，当街的店铺皆木板门面。斗转星移，绰庙的格局为之一新，东岳大帝庙已毁，主大街贯穿南北，西为老街，东为新街，呈“中”字形状。其曾为原绰庙乡治所。

老街因庙会而起，庙会与虞姬有关。传说当年项羽兵败南逃，农历三月三这天带着虞姬和十几名亲兵到绰庙后山歇息。因为时令未到，山花半开，天性爱美的虞姬拔下玉簪，轻轻地插入土中，霎时，满山姹紫嫣红，后人遂称这座山为插花山。

绰庙老街门头（2016 年） 马维国 摄

后人筑庙山上，以示纪念。每年农历三月初三，四乡八镇甚至外省、外县的香客，于绰庙聚会，逐渐成为紧随春节的一个大节日，村民们放下农活，梳洗打扮，来赶庙会。方圆几十里的商家，几天前就运来货物，摆摊设点。庙会上以农资产品和日用百货居多，小吃也很丰富，有面食、豆制品、西瓜、甘蔗、大麻花等。

寺庙

石杨境内寺庙众多，几乎达到无村不庙的程度。

憨山寺 憨山寺坐落于中山村古渡口蔡浅村，此地为明代四大高僧之一的憨山大师故里。寺立于白衣庵旧址，背依插花山、阴陵山、龙王山、老山，面向滁河。毁于抗战时期。

远眺憨山寺（2019 年） 高小真 摄

憨山寺（2019年）

高小真　摄

憨山寺大雄宝殿（2019年）　彭庆云　摄

2004年，广东南华禅寺方丈传正大和尚为圆大师之夙愿，捐资数百万元，于大师故里古白衣庵遗址上恢复兴建憨山寺。

憨山寺围墙内占地43亩。内有大雄宝殿、憨山大师纪念堂各1座，僧众寮房8间。大雄宝殿占地约350平方米，重脊飞檐、翘角凌空。刷金的憨山塑像置于殿堂中央，端坐于莲花之上，项挂佛珠，慈眉善目。左右两侧是十八罗汉，皆栩栩如生。

孔夫山（2016 年） 马维国 摄

栖云禅寺 位于孔夫山下。据《直隶和州志》记载，孔子携弟子途经石杨，天色已晚，便在山上搭起帐篷住了一晚。后人把此山称作“孔夫山”，在孔子搭建帐篷的地方盖了一座庙，称“孔夫寺”。唐咸通五年（864）始建，明洪武、嘉靖、万历间先后重建。

孔夫寺原有 49 间禅房，后被日本人拆掉。翻建后改名为栖云禅寺。计有 4 间平房，2 间厢房。房前有桂花树，高约 10 米，枝柯横斜，树冠如盖。

孔子路过此处时，还发现七个小池塘，分布的形状如北斗七星，便称之为七星塘。当地人把它们与孔夫山、孔夫寺、孔夫桥联系起来，故有“三孔七星塘”之说。

普觉禅寺 又名插花庙、娘娘庙。古时称鲁妃庙，因项羽为鲁公，故虞姬称鲁姬。2002 年翻建，更改山门，重奠地基，其建有殿、堂、寮、库共 20 间，建筑面积 675 平方米，占地 5.5 亩，塑佛像九尊，后更名为普觉禅寺。

普觉禅寺（2016 年） 李俊 摄

寺中辟出一室，用来供奉虞姬。其凤冠霞帔，俨然一代王后之相，其旁有一妇人，据说为项羽逃亡途中问路时遇到的农妇。她识出了项羽的身份，为不泄露消息，竟以镰刀自刎。后人感怀，立其塑像于虞姬之侧。

龙王庙 龙王庙建在中山村龙王山山顶。传说龙王山上有一清泉名曰“龙王泉”，四季清清流淌，年年风调雨顺、五谷丰登。忽然有一年泉水干涸，久旱无雨，庄稼颗粒无收，许多百姓赤着背排着长队跪在这里求雨，毒辣辣的太阳晒得不少人倒下了，却没有一个人肯离去。见此情景，龙王和三太子十分同情百姓，亲自带领水族前去降雨，终于使百姓摆脱了干旱，龙泉又现清泉流淌。人们纷纷来此烧香，并喝上一口圣泉水。为了感恩救苦救难的龙王和三太子，当地乡民在龙王山上修建了一座寺庙，取名龙王庙，现改名为龙云禅寺。

庙内原塑有龙王和三太子神像，惜于新中国成立初期“破四旧”时被毁，庙也于“文化大革命”中被拆除。改革开放后重建，并重塑龙王和三太子金身，之后经多次修缮，扩大规模，至2018年，已有四大天王殿、大雄宝殿及斋堂、寮房等建筑，整体呈四合院格局。

龙王庙（2016年） 倪林 摄

古桥

石杨境内多泉水、山谷、溪流、圩田，古桥众多。

青峰桥　位于花园草窝村，因三面环山而得名，为三孔石拱桥，建于宋代。长约8米，宽约3米，高约3米。桥墩皆青石砌成。桥基处有两个石滚，上有圆孔，应是为运输时便于滚动、牵拉及掌控方向所用。石缝杂草丛生，远观如画。桥面平坦，可行车马。西山的水经此处北流，汇入如山湖中。青峰桥至少有200年历史，且一直使用到现在，以前是和县至善厚、古河的古道必经之地。

青峰桥（2019年）　　高小真　摄

赵桥（2017 年）　祁智婷　摄

花马李桥（2017 年）　祁智婷　摄

赵桥　位于插花山南赵桥村，为单拱石孔桥。建于明代，现存桥长约 3 米，宽约 2 米，高约 2 米。由于年代久远，村人曾以水泥修补。

花马李桥　位于花马李村涧湾之上。明代一大德高僧化缘修建。原为石拱桥，后经多次改造，现为双拱钢筋混凝土桥。长约 15 米，宽约 10 米，高约 6 米。

附：三步两个桥

位于憨山庙东面脚下的“三步两个桥”是当年憨山大师出银两修建的。据蔡氏家族长者回忆，明朝时期，憨山大师故里蔡浅是滁河流域一个比较大的水运码头。运输繁忙季节，10 吨、20 吨的小木船挤满码头。有一年冬天，蔡浅码头一支船队要将一批货物运往长江三峡一带。当时憨山大师和南华寺的几位高僧到四川峨眉山参加活动。一天清晨，憨山大师在长江边上晨练，忽然从不远处传来一阵熟悉的船夫拉纤的吆喝声。大师听在耳里，记在心头：“这不是我故乡船夫拉纤的号子声吗？”于是他找到船夫，了解家乡和家人的情况，然后拿了许多银两托他们带给他父亲，让父亲在蔡浅造一座通往河对岸费村的桥（因为大师外婆家就住在费村）。船队回到蔡浅的时候，大师带回的银两不知怎么弄丢了许多，交给大师父亲时已所剩无几。大师父亲只好用那点银两在当时的白衣庵脚下，请了几位能工巧匠造了现在颇有特色的三步两个桥，极大地方便了周边百姓的出行。巧在桥的右侧下边有一口水井，因此“三步两个桥，抬头一座庙，低头一口井”的说法就流传开了。

古井

前李井　位于新农村前李自然村，建于明洪武年间。井沿为青石制作，四周有深深的沟痕，十分光滑。过去女子缠足，只能跪在井边，用绳索顺着井沿提水，久而久之，形成沟槽。现今仍井水清澈，可以饮用。

大张井　位于石杨社区大张自然村，建于清朝乾隆年间。该村位于花山西麓，因水土流失严重，以至水井被泥沙填实、覆盖，井口处长出十数米高的大树。1997 年，因在此修路得以复现。淘洗后恢复使用。

枣林岗井　位于铸陆村枣林岗自然村前。此井出水量大，人们只要弯腰就能打到水，不用井绳。

其他古井　有幸福井、绰庙井等。

前李井（2016 年）　李　俊　摄

大张井（2019 年）　高小真　摄

幸福井（2016 年）朱滨华　摄

绰庙井（2016 年）马维国　摄

铸陆枣林岗井（2016年）朱滨华　摄

古村落

石杨镇历史悠久，古村落分布在绰庙社区、高关村、金城村。

盛家硔村　坐落于石杨镇绰庙社区，处于阴陵山脉中的两座山洼之中，村落位于两山交会的平川里，民宅多沿山而建，以两山之间泉水塘为中轴线，户户之间留有小巷作为通道，小巷时宽时窄，屋基线时高时低，因势向形，弯曲又贯通，幽深曲折。村民们用土坯和砖木建成民居。

盛家硔村始建于南宋，元代开始村子渐盛，人烟茂密。盛家硔村山清水秀，村周山峦叠翠，满山的中药材，树木葱茏，景色宜人，村旁绿水环绕，与著名的白衣庵、憨山大师故居蔡浅村相望，是通往滁州陈浅镇古道的要冲。

盛氏家族于明代官宦屡出，族人显官擢职后还乡，致力营造邸第，以光宗耀祖，利后世颐养天

盛家硔村（2018 年）

马维国　摄

年。盛氏家族曾祖是京官翰林学士，曾受诰封，悬挂于盛家堂屋正梁上的受封匾额依然可见。村人盛时清，号柳溪，清代贡生、举人，曾做过江西省某州官，约于太平天国战乱以后，由江西任上运回了70块碑刻。

日本侵略者到石杨之前，盛家硔村有9户人家，七八十人，男丁无外姓。村上有上马石，门前有方桌大的旗杆石。1940年日本侵略军修筑碉堡，毁灭了盛家硔村。

1945年抗日战争胜利后，盛氏后人和外地垦荒者陆续到此定居。

附：盛家牌坊

据盛家硔老者回忆，二百多年前，盛家大房二公子，经人介绍与滁河对岸（今属全椒）谢江口自然村谢氏家族一位姑娘结为伉俪。完婚第三天，公子不幸因急病去世。年仅十八岁的盛夫人，虽然年轻丧夫，但她平日在忍受悲伤之余却能更加孝顺父母，做事也很勤快。这种贤媳之举都被婆婆看在眼里，记在心里。自然婆婆对贤媳的守寡更加同情。一年后的农历七月初七那天晚上，婆婆把心爱的儿媳叫到跟前，深深地叹了一口气说："你是我们盛家最好的媳妇，我们全家真舍不得离开你，但不能眼睁睁看着你过着守寡的日子。我们为你物色了一位好郎君，还是趁早嫁出去吧！"盛夫人却果断地说："我与盛公子相处时间虽然很短暂，我们相爱的感情却如同海誓山盟。我活着是盛府的人，死是盛府的鬼。"此后，她们婆媳关系相处得更加融洽。直至盛夫人63岁离世。

盛府为了表达对好媳妇的哀悼，全府上下整整守孝七个昼夜。安葬以后，盛府为了永远缅怀贤媳孝顺贞洁，花重金在盛家硔村口大路旁立了一尊7.7米高，3.5米宽的贞节牌坊。牌坊正身沿面刻着630字的碑文，较详细地记载了盛家贤媳生平与守寡守夫的精神。可惜的是，牌坊在"文化大革命"中被毁，部分碑石被敲碎，完好无损的条石用到圩堤斗门上了。

大周村 据《周氏家谱》记载，东汉时期，孙策将其母吴太夫人从石杨送到十几公里的阜陵县休养，平定江东以后，吴太夫人的部分族人留在这里居住。古村落建村于三国时期。1959年兴建夹山关水库被淹没后，分别搬迁至今天的大周村、山周、大周、夹山周、周桥村。大周村搬迁至现在碧桂园凤凰大酒店处，又因碧桂园工程拆迁。村

大周村（2019 年）　　马维国　摄

庄现已不存，村民皆迁入高关新村居住。此村多为周姓。

花园戴村　古村落，建于元、明时期，花园戴村四周是山，中间是迢迢谷，山岚缭绕，峰峦起伏，景色优美。据《和州志》记载："戴重远祖仲礼，明太祖取和阳，从征有功，得袭千户，赐田宅著籍和州之西河村（花园村）。"现开辟一条以花园戴村为起点至半月湖的"全国最美乡村路"花月大道，作为旅游景点，独特秀丽的山水，引得众多文人墨客前往。

花园戴村（2018 年）　　李俊　摄

八禁村（2017 年） 马维国　摄

八禁村　八禁村以禁碑得名，禁碑上刻着当年十八个村庄乡民们共同遵守的八条禁约。

禁碑原立于当地“风水宝地”——黑狗墩上，碑高约 2.3 米，宽 1.3 米，厚近 0.2 米，碑面光滑，除了刻有八条地方禁规民约外，还有当时十八村村民中代表性的人名姓氏以及建碑年月等项。碑文为正楷，署有“道光四年立”（1844）字样。“文化大革命”前期，碑被打成几大块，抬往正在施工的梅王水库，砌在涵道下面。

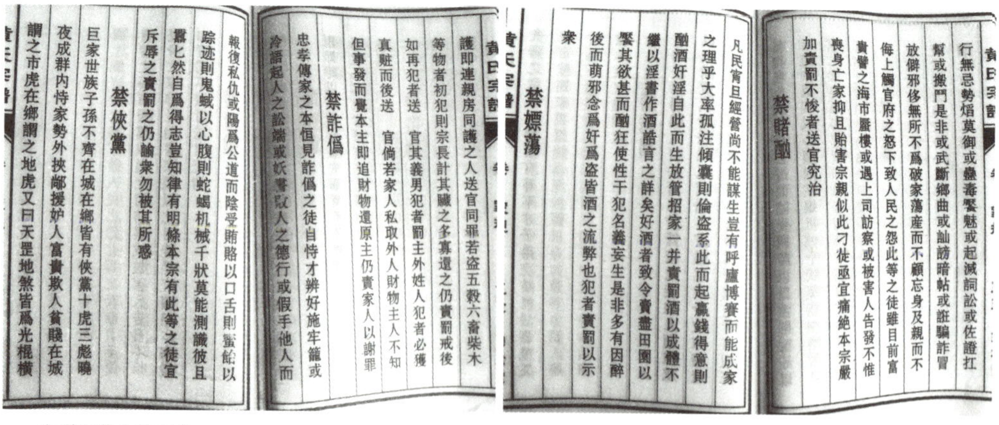

行無忌勢焰莫御或蠱毒魘魅或起滅詞訟或佐證扛
幫或攛門是非或武斷鄉曲或訕謗暗帖或誑騙詐冒
放僻邪侈無所不爲破家蕩產而不顧忘身及親而不
侮上觸官府之怒下致人民之怨此等之徒雖目前富
貴譬之海市蜃樓或遇上司訪察或被害人告發不惟
喪身亡家抑且貽害宗親似此刁徒亟宜痛絕本宗嚴
加責罰不悛者送官究治

禁賭酗

凡民宵旦經營尚不能謀生豈有呼盧博賽而能成家
之理乎大率孤注傾囊則倫盜系此而起贏錢得意則
酗酒奸淫自此而生放管招家一并責罰酒以成體不
繼以淫書作酒誥言之詳矣好酒者致令賣盡田園以
鬻其欲甚而酗狂使性干犯名義妄生是非多有因醉
後而萌邪念爲奸爲盜皆酒之流弊也犯者責罰以示
衆

禁嫖蕩

護即連親房同護之人送官同罪若盜五穀六畜柴木
等物者初犯則宗長計其贓之多寡還之仍責罰戒後
如再犯者送　官其義男犯者罰主外姓人犯者必獲
真贓而後送　官倘若家人私取外人財物主人不知
但事發而覺本主即追財物還原主仍責家人以謝罪

禁詐僞

忠孝傳家之本恒見詐僞之徒自恃才辨好施牢籠或
冷語起人之訟端或妖警改人之德行或假手他人而
報復私仇或陽爲公道而陰受賄賂以口舌則蠆蛇以
蹤迹則鬼蜮以心腹則蛇蝎机械千狀莫能測識彼且
囂匕然自爲得志豈知律有明條本宗有此等之徒宜
斥辱之責罰之仍諭衆勿被其所惑

禁俠黨

巨家世族子孫不齊在城在鄉皆有俠黨十虎三彪曉
夜成群内恃家勢外挾鄰援妒人富貴欺人貧賤在城
謂之市虎在鄉謂之地虎又曰天罡地煞皆爲光棍橫

家谱记载八禁内容　石杨镇政府　提供

傅楼村（2019 年） 马维国 摄

傅楼村 傅楼村位于石杨镇绰庙社区，与江苏省石桥镇为邻。有 58 户，人口 264 人。傅姓于清朝康熙初年由江西傅营村逃荒至今天的傅楼村。据传当时逃荒地有两栋楼房，所以得名“傅楼村”。据宗谱记载，傅家出过许多名人，傅氏家族家风纯正，“尊老爱幼，男女平等，邻里团结，和睦相处”是傅氏做人、做事的座右铭。2019 年 1 月，傅楼村获马鞍山市“文化旅游名村”称号，现在的傅楼村村庄整洁，池塘清澈、道路干净、风景优美。

傅楼村民居（2019 年） 马维国 摄

古泉

石杨半山半圩，泉水很多，《直隶和州志》《历阳典录》中皆有记载。

霸王泉 又名刺枪坑。《历阳典录》记载：“阴陵山，一名霸王泉。石壁削立，有泉横出，口大如碗，下注一塘，方广丈许，大旱不竭，志云项羽刺枪于此，以杖探之，深不可测。”青石依旧，古泉尚在，泉水清冽，常年不涸。

霸王泉（2019年） 高小真 摄

陀公庵泉（2016 年） 朱滨华 摄

陀公庵泉 也作陁公庵泉，位于高关村掉尖山下。《历阳典录》卷五记载："在州西北五十里掉尖山上有庵曰陁公庵，泉出其右，石池如月，泉水澄澈可鉴，淆之不浊，小虾蟹纵横其中，见人则缩入石罅。"

明代戴本孝《陁公庵泉记》："掉尖山阳有僧庐，曰陁公庵，不知所始。竹木蔚然，倚山出泉。泉有五德焉：一曰清穴，石而滥土不能滓也；二曰味甘，酌之寒，炊之芳也；三曰其源深熯不竭也；四曰远于人，而静也；五曰其出高，其流卑，疏以灌亩，崇冈获嘉禾焉。仁之泽也，五德乃备。是故僧有时而逋，庐有时而倾，竹木有时而斩，斯泉不可得而湮也。"泉水现存，仍可饮用。现泉水旁建有国学馆和敬老院。有古木多种，枝繁叶茂。

后硔泉 位于中山村后硔自然村的老山脚下，在安徽香泉与江苏汤泉之间。泉水的特点是冬暖夏凉。冬天泉水清可见底，水面雾气缭绕，周边百姓常来洗衣浆裳。

后硔泉（2016 年） 李伦凤 摄

古树

气象树　实为古朴树，因能反映该地降水情况，故名“气象树”。树高约5米，冠尺最大直径10多米，枝干如盘龙伸屈。主干粗矮，凹凸不平，直径约1米，围长约3米，枝叶四展，冠盖如伞，覆盖面积100多平方米，为和县稀有的大树。

据光绪《直隶和州志》记载，明末源远和尚游历至此，曾为此树作诗：“白筱绕庵如下拜，缁衣缝我亦知闲。幽岩说有无名树，不肯遗名与世间。”据此推测，此树已有400多岁高龄，但是生机勃勃，枝繁叶茂。由于它每年发芽或早或迟，往往与一年中气候变

气象树（2017年）　　石杨镇政府　提供

化相对应，当地群众依据多年的观察经验，把它叫作“气象树”，并以此作为春播活动的参考。

人们发现，仲春时节，根据这棵树发芽的迟早和树叶的疏密，就可以知道当年是旱还是涝。例如，树在谷雨前发芽，芽多叶茂，这一年雨水就多；若和其他朴树一样，按时令发芽，树叶有疏有密，这一年大致风调雨顺；谷雨后才发芽，树叶又少又稀，这年必有旱情。当地一些老百姓，把这棵树奉为“神树”。

1982年秋天，北京气象杂志社、上海气象站、南京大学和安徽省气象、植物、林业、土壤、水利、地质水文等学会的专家、教授30余人，对古朴树进行为期3天的调查考察和学术讨论。1996年10月29日，中央电视台国际频道曾将其向海外介绍，使它的形象与作用进一步引起世人关注。2017年4月14日，安徽省古树名木保护专家、安徽农业大学博士生导师束庆龙教授，安徽省古树名木专家、省林科院高级工程师胡一民等专程到石杨镇，对“气象树”的保护提出具体措施。

桂花树　位于花园村小戴自然村。一个树根，却从地面分为两根树干，亲如姊妹。树高10米，冠幅数十平方米。树根凸出地面，如同巨手，紧紧抓住地面。

百年桂花树（2019年）　　高小真　摄

银杏树（2018 年） 马矩林 摄

古椿树（2018 年） 祁智婷 摄

古银杏树 位于中山村先锋东王水库旁，现存 30 棵。最大的一棵，树干高达 20 米，直径 0.8 米。于 20 世纪 80 年代载入安徽省名贵树种目录。

古椿树 位于中山村后碛自然村，距今有 150 年历史。树冠直径 8 米，树高 9 米，树干最粗部分直径达 1.3 米。村民称古椿树为春天育种的“信号树”。过去老一辈识字人不多，不会根据节气耕作，只要看到椿树发芽长叶，就知道该泡种育秧了。

古板栗树 位于中山村先锋自然村。其栽植历史可追溯到清同治二年（1863）。当时王碛自然村陈家洼有户姓陈的人家，有一次两兄弟到外面做小买卖，看见有人卖板栗苗，花了一两银子，买了十几棵苗试栽。六年之后，板栗挂枝，当年收获一百多枚果实。他们用这些果实育苗，又栽到别的山坡上，连续几年培育后，渐渐发展到高洼、赵家园、袁洼等村。板栗树既能绿化荒山，又能增加收入，所以留存下来，成为品牌。由于此地气候、土壤原因，所产板栗含糖量低，淀粉含量高，肉质偏软，口味极好。2012 年，中山村成立板栗生产合作社，先锋板栗得以远销外地，享有盛誉。

百年先锋板栗树（2018 年）　　朱滨华　摄

碑石

石杨碑石很多，著名的还有八大禁碑，现埋在梅王水库涵闸底下，故不列入。

大屠石猴　位于大屠村中间两家姓屠的人家门口，两猴相距 100 米，原为一对，长 0.45 米，宽 0.3 米，高 0.65 米。建造年代不详，造型独特，栩栩如生。现仅存一只，足下有孔，古为拴马石。

大屠石猴 徐斌 摄

大邵墓碑 朱滨华 摄

大邵墓碑 位于石杨社区大邵村东100米，清乾隆四十六年（1781）立。墓碑长1.16米、宽0.47米。由于风化严重，表面字迹已多处模糊，但仍能见“大邵村”字样。此村现已无邵姓。

孔夫寺碑 金城村孔夫山下原有孔夫寺，一度香火旺盛，后被拆除。现仅存明朝万历年代石碑一块，有圆柱基石，碑上有文字“明万历十四年刻”，字迹清晰，多能辨认。此碑保存在村民武明学、翁为元家。

孔夫寺重修碑 高小真 摄

汉画像砖 汉代瑞鸟楼阁画像砖于1985年8月在新农桥西白然村出土，属于夹砂灰陶空心砖，左侧镂有三孔，图像上方以多层菱形纹饰边。画像砖上的楼阁立于台基之上，柱头上施栌斗，顶作“四阿”，正脊和檐口平直，屋面铺瓦，瓦沟垂直，直观地表现了汉代建筑中正平实的风格特点，

汉瑞鸟楼阁空心画像砖（二级文物）　范小筱　摄

是研究汉代建筑风格的珍贵资料。图像中，两株常青树干修枝茂，梢立双鸟对鸣，形似汉代双阙，暗喻这座楼阁为墓地的祭祀建筑，楼侧附饰象征坚固结实、万世长存的柿蒂纹和象征长寿的鹤，寄托了亡者享祭不断、羽化登仙和生者长寿的愿望。

画像砖的产生早于画像石，战国晚期至西汉中期是画像砖艺术的滥觞期。

这块汉代瑞鸟楼阁画像砖，画面右侧印一座二层楼阁，其中一层右侧两柱间饰二栏方框，二层为两座并列的单体建筑；楼前两侧各印一株常青树，树梢各立一只相向而鸣的凤鸟，其中左侧常青树与楼阁间饰一柿蒂。画面左侧图案三层，上层为两只侧身向右、细颈长腿的祥鹤，其中一只并足伫立，一只信步前迈，中层印二连云雷纹，下层饰十字穿环。该砖图像为模印，构图严谨、形象生动，有机地结合了动态的瑞鸟、常青树、静态的楼阁和规整的几何图案，强烈地表现出中国绘画中白描的艺术效果。鹤的仪态优雅、鸣叫嘹亮，早在先秦时期就被赋予了“鸣于九皋，声闻于天”的文化意蕴。

汉代建筑已不存于世，人们一般通过文献研读和考古发掘来探讨其布局结构和形制特点，而对其形象上的感性认识，则大多依赖于汉代画像砖（石）、彩绘壁画、器物纹饰中的建筑图案和建筑明器。

盛家硔碑 据《直隶和州志》《历阳典录》等地方古籍资料记载，盛家硔盛氏家族历朝历代科举为官者较多，有史可查的如明建文元年（1399）举人盛德、明嘉靖二十七年（1548）贡生盛祖儒、明崇祯六年（1633）岁贡盛可纪、清代康熙年间举人盛符升、清乾隆元年（1736）举人盛尚琏、清嘉庆十七年（1812）岁贡盛承富、清同治十三年（1874）岁贡盛如周、清光绪十五年（1889）恩贡盛朝桢等人。盛朝桢辞官后返回故里盛家硔，带回石碑。盛家得《职思堂法帖》碑刻70多块，现存9块，有晋代顾虎头书小楷《文史箴》、隋代智永草书《千字文》、唐代钟绍京楷书《转轮王经》、宋代米芾草书手札、苏轼草书诗词等。在米芾手迹的碑刻拓片上，明确标有“职思堂法帖”，边款还注有“米一”字样。在苏轼碑刻的边款注有“苏上”字样。除去1958年绰庙公社办澡堂用去10块左右以外，县文物部门收集的9块已存县博物馆，余帖仍留存在盛氏家族后代和盛家硔村民之中。虽有300多年历史，却不失真品之风。

《职思堂法帖》

碑文:《职思堂法帖》 芾顿首启 画不可知（旁注：不知好久），□［书］则十月丁君过泗，语与赵伯充，云要与人，即是此物。纸紫赤黄色，所注真字，褊草字，上有为人模墨透印损痕。末有二字“来戏”，松字也。告留，念其直就本局虞候拔供给办。或能白吾老友吾舍人，差两介送至此，尤幸！再此。芾顿首上，伯修老兄司长。……来戏。

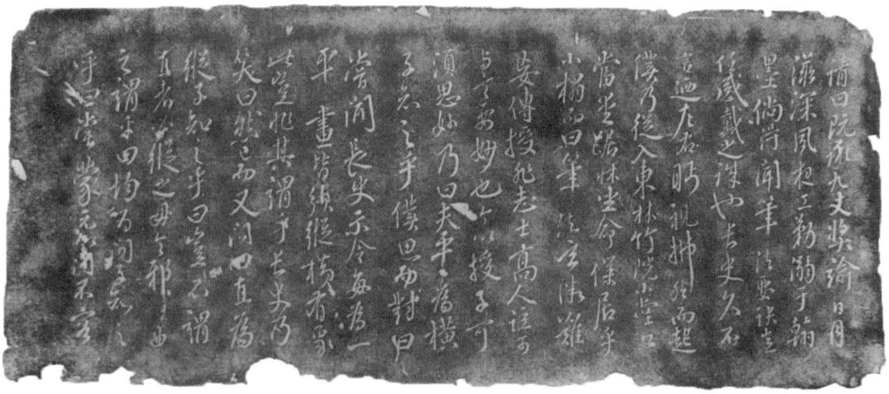

绰庙先锋盛家硔征集到的三级文物　颜真卿《述张长史笔法十二意》

碑文：……请曰“既承九（兄）丈奖谕，日月滋深，夙夜工勤，溺于翰墨，倘得闻笔法要诀，岂任感戴之诚也！”长史久不言，乃左右眄视，拂然而起。仆乃从入东竹林院小堂，公当堂踞床坐，命仆居乎小榻，而曰：“笔法玄微，难妄传授。非志士高人，讵可与言要妙也？今以授子，可须思妙。”乃曰：“夫平为横，子知之乎？”仆思而对曰：“尝闻长史示令，每为一平画，皆须纵横有象。此岂非其谓乎？”长史乃笑曰：“然已。”而又问曰：“直为纵，子知之乎？”曰：“岂不谓直者必纵之，毋令邪曲之谓乎？”曰：“均为间，子知之乎？”曰：“尝蒙示以间不容……”

（颜真卿《述张长史笔法十二意》部分，有删减）

绰庙先锋盛家硔征集到的三级文物“请曰幸蒙长史”碑帖

碑文字为：……请曰："幸蒙长史传授笔法，敢问工书之妙，如何得齐于古人？"公曰："妙在执笔，令其圆转，勿使拘挛。其次识法，谓口授之诀，勿使无度，所谓笔法者也。其次在于布置，不慢不越，以使合宜。其次纸笔精佳，其次诸变通怀，纵舍规矩。五者备矣，然后齐于古人矣。"

"敢问执笔之理，颇得闻乎？"长史曰："予笔法得之于老舅彦远，曰：吾昔日悦书，苦学有功，而迹不至。后闻于褚河南，□用笔如印印泥……"

（颜真卿《述张长史笔法十二意》部分，有删减）

《职思堂法帖》是民间刻帖，始于明末，成于清康熙年间。清康熙十一年（1672）新安江湄撰集，旌德刘御李、汤文栋、汤国翰等摹勒。此帖共八册，所收书法以宋、元书家为主，辅以晋、唐数帖，共31家，每家2幅，共62幅为一丛帖。由于随得随刻，编次凌乱，帖中多伪书，唯摹勒颇精好。盛家硔碑帖当是来源于安徽省古徽州一带的民间刻帖。

至于盛家硔碑帖的收藏者，民间及家族传说是盛氏先人在江西为官者带回。对此深有研究的和县文史专家陈其才认为，清代康熙年间御史盛符升运回的可能性较大。因为，当时《职思堂法帖》已成集，他身为御史，活动范围较大，又十分爱好文学、书法，著有《诚斋集》诗文传世。

绰庙先锋盛家硔征集到的三级文物——明代王鏊作品"黄鹤山人一跋"碑帖

……胜国饶介之辈吴越怀古诗一卷，摛词弄翰，翩翩可喜，信才之超轶者也。然予独惜其生之不辰，仕危邦，徘徊不能去，晏然不知身世之可忧，而独区区往古之为惑。一旦天兵西下，士诚就缚，介之与叶参军辈坐不免。当是时也，有异夫差之为乎？今故墟麦秀，见者伤之，正杜牧之所谓“是使后人而复哀后人也”。悲夫！闫征明出示，因识所感而归之。王鏊　正德元年二月廿三日在清江口之坝上书

绰庙先锋盛家硔征集到的三级文物“处可避人”碑帖

碑文：……处可避。人生缰锁如此。可叹□精茶数片，不□□□，公谨左右。

……□□□□□□□□（有若干字）……

贤女委顿，积日治此，为忧悬憔心，今已极佳，足下勿复忧念。有信来，数附书知闻，以解其忧。

（东汉崔瑗草书《贤女帖》）

承要墨戏，须醉乃作，今已断酒矣。然数百幅间，只择得一二得意者。续当转求为赠。轼启。苦雾收残文豹别，怒涛惊起老龙皤。

（苏轼《与黎子云一首》）

绰庙先锋盛家硔征集到的三级文物　唐代怀素《大草千字文》碑

碑文：……猷，勉其祗植。省躬讥戒，宠增抗极。殆辱近耻，林皋幸即。两疏见机，解组谁逼。索居闲处，沉默寂寥。求古寻论，散虑逍遥。欣奏累遣，戚谢欢招。渠荷的历，园莽抽条。枇杷晚翠，梧桐早凋。陈根委翳，落叶飘摇。游鹍独（运），凌摩绛霄。耽读……

（此为《草书千字文》部分，与唐怀素《大草千字文》体有别，作者待考）

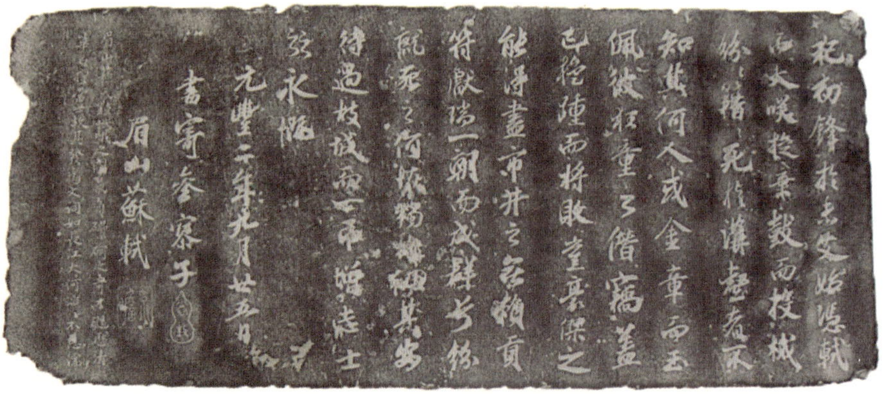

绰庙先锋盛家硔征集到的三级文物　宋“苏轼犯初锋于未艾”碑帖

碑文：……犯初锋于未艾。始凭轼而大笑，旋弃鼓而投械。纷纷籍籍死于沟壑者，不知其何人，或金章而玉佩。彼狂童之僭窃，盖已旋踵而将败。岂豪杰之能得，尽市井之无赖。贡符献瑞一朝而成群兮，纷就死之何怪。独徘徊其安待，过故城而一吊，增志士之永慨。元丰二年九月廿五日，书寄参廖子，眉山苏轼。

（此为苏轼《昆阳城赋》部分，内容有删减）

绰庙先锋盛家硔征集到的三级文物“性如染薄紧可爱”碑帖

碑文：……性如染，薄紧可爱，亦宜背古书耳。川麻不浆，以胶作黄纸。唐诏敕皆是。所以有白之别。廿年前未使灰，透……

（米芾《评纸帖》部分）

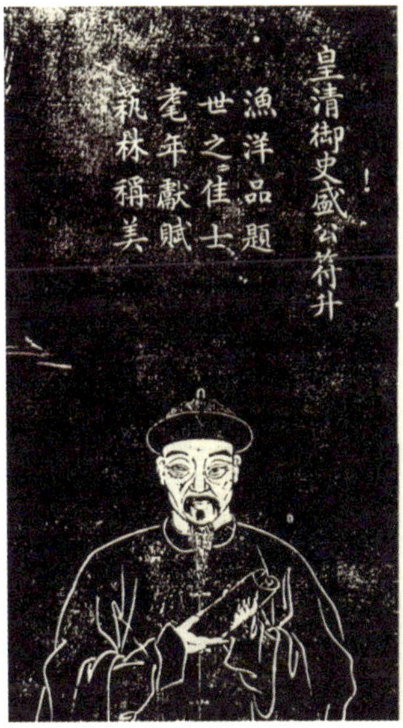

清代御史盛符升　　范小筱　提供

绰庙先锋盛家硔征集到的三级文物“任叩首□奉”碑帖

碑文：任叩首□奉

颜采之久每深□□瞻仰寡便，颇称上状，徒增愧畏，此来伏唯，泽民之裕，福履安庆，□贵眷咸均休祉仕即居乡持服幸□延生息，无之烦□，念但奉未由日深，企□□问伏祈□加，重以前显，擢下情，所望不次□□□但□□叩首□顿首，再拜 。和伸学士，亲家与儿□多自不得上内增有，瞻竹卯此为抄晴寒□□持庭春寒，尊履有相万福皮碌碌秉陨深嗯击补□日夜思归，当今仕官大氐，皆难。兹泠江州郡，则难而又难者也，财赋非辨于船税，舍之则年策，征之则掊珍，为客纷纷有投□者，有挟贵者予□□□多□不胜其贵，此岂尚区处。

杨石巷古驿道

区位 久负盛名的如方山屹立在长江中下游之畔、历经风雨沧桑的滨江古城。它前矗钟山，遥看虎踞龙盘的南京、滁州；后倚鸡笼山、九龙山、古老的和州为后盾；左拥巢湖，是省会城市入江达海的必经之路；右抱长江，对江相看钢城马鞍山，千年古渡乌江渡静静地候在那儿。古人形容石杨地区“西控合肥，北接濠滁，东南临大江，后崇而夷，隆然中高（为）淮南要冲，江表藩蔽……昔人称其为建康、姑孰之门户”。这里物华天宝、人杰地灵，由于独特的地理位置，成为重要的交通枢纽——杨石巷古驿道。

早在汉代，这条古驿道从历阳到夹山关至全椒，另一条岔道从夹山关到乌江古渡。人们利用地形展线，凿石为盘道。这条古驿道的历史可追溯到春秋战国时代，后历代多有修缮，曾是古代江西—安徽—江苏—山东的交通要隘。

夹山关遗址（2017 年） 彭庆云 摄

古驿道见闻 明成化十四年（1478）程敏政由京城返休宁探亲，从淮北南下经定远、滁州、全椒、和县转江南绩溪途中，曾历险“两峰夹峙，石栈岖岭”的清流关和“草木塞道，杳不知其所穷”的夹山关，直至绩溪县的丛山关，始稍自慰解“江南江北路迢迢，马上朱颜觉未凋。今日故乡初入眼，丛山关下巧溪桥”。可见当年这条纵贯安徽大江南北的重要驿道，也还有不少路段未能得到很好的修治。

附：程敏政《夜渡两关记》

予谒告南归，以成化戊戌冬十月十六日过大枪岭，抵大柳树驿，时日过午矣，不欲行。但问驿吏，吏绐言：“虽晚，尚可及滁州也。”上马行三十里，稍稍闻从者言，前有清流关，颇险恶多虎，心识之。

抵关，已昏黑，退无所止，即遣人驱山下邮卒，挟铜钲束燎以行。山口两峰夹峙，高数百寻，仰视不极。石栈岖崟 ，悉下马，累肩而上。仍相约：有警，即前后呼噪。适有大星，光煜煜自东西流，寒风暴起，束燎皆灭，四山草木萧飒有声，由是人人自危，相呼噪不已，铜钲哄发，山谷响动。行六七里，及山顶，忽见月出如烂银盘，照耀无际，始举手相庆。然下山犹心悸不能定者久之。予默计此关乃赵检点破南唐擒其二将处。兹游虽险而奇，当为平生绝冠。夜二鼓，抵滁阳。

十七日午，过全椒，趋和州。自幸脱险即夷，无复置虑。行四十里，渡后河，见面山隐隐，问从者，云：“当陟此，乃至和州香林院”。已而，日冉冉过峰后，马入山嘴，峦岫回合，桑田秩秩，凡数村，俨若武陵、仇池，方以为喜。既暮，入益深，山益多，草木塞道，杳不知其所穷，始大骇汗。过野庙，遇老叟，问此为何山，曰：

“古昭关也。去香林院尚三十余里，宜急行。前山有火起者，乃烈原以驱虎也。”

时铜钲、束燎皆不及备。傍山涉涧，怪石如林，马为之避易；众以为伏虎，却顾反走，颠仆枕藉，呼声甚微，虽强之大噪，不能也。良久乃起，复循岭以行，谛视崖堑，深不可测，涧水潺潺，与风疾徐。仰见星斗满天，自分恐不可免。且念伍员昔尝厄于此关，岂恶地固应尔耶？尽二鼓，抵香林。灯下恍然自失，如更生者。

噫！予以离亲之久，诸所弗计，冒险夜行，渡二关，犯虎穴，虽濒危而幸免焉，其亦可谓不审也已！谨志之，以为后戒。

（注：光绪《和州志》记载，夹山关与昭关同在一条山脉，居东，相距约25千米，程敏政在《夜渡两关记》中误作昭关。）

石杨地区河道纵横，古时家家临水，户户通舟。明万历年间（1573—1620），邑人曾在该渡口用12艘木船横排连接，铺设木板，建成浮桥。

古驿道渡口 官渡是明代京城交通要隘，控制、守护京城咽喉所在。系京城西边门户的中心驿道，这个驿道属于中央直管，因当时和州称为“直隶和州”，所以这段古驿道是当时主干线上非常重要的一段。

官渡渡口原名后河渡口，又名滁河渡口，南岸码头设于和县石杨乡，北岸码头设于全椒县官渡乡，连接滁（县）巢（湖）公路，正常水位航程200米。

该渡口战略地位重要，历史上多为官兵把守，明万历元年（1573）曾在此处架设浮桥。明崇祯九年（1636）李自成率军经此攻全椒破和州。太平天国英王陈玉成部由此渡河抗清，民间称为“官渡”。

古驿道渡口（2017年） 马维国 摄

此渡因多年未配车渡设施，致使滁（县）巢（湖）公路长期不能全线直通。直至1985年12月，才由全椒县官渡乡与和县石杨乡共同集资20万元建成，并于1986年3月联营通车。官渡渡口的建成，使全椒至和县、马鞍山、芜湖等地的公路里程缩短70千米。

1987年，两岸码头为直线斜坡式泥结碎石结构。南北岸码头下水坡各长40米，纵坡7%，道面宽8米，南岸引道200米，北岸引道350米，均为泥结碎石路面，宽3.5米，渡口配有职工8人，6车拖带渡船1艘，日最大渡运量50车次，年实际渡运量9200车次。

杨石巷古道，出历阳北门，经和村、香泉、夹山关至全椒县官渡，连接合肥、巢湖路段的是西（埠）武（岗）路辖区段，自和县西埠，经孙堡、香泉、夹山关至石杨，全境长27.8千米。在官渡（和县与全椒交界处）由滁河公路渡口与滁州市全椒县武岗镇相连接，系合肥、巢湖以及和县城关通往夹山关水库与高关等山区并直达滁州市全椒县的主要通道。据史料记载，明清时还有滁巢驿道。

1930年，安徽省建设厅计划修筑滁巢公路。

1932年，安徽省建设厅批准修建滁县至巢县公路。1937年全线建成通车。同年7月抗日战争爆发，和县城防第二区区长强正东，按照国民政府军事委员会提出的“交通破坏战”训令，毁路阻敌。征集沿线百姓运送粮草，亲自带兵沿路烧桥，并挖掘路基断路20余处。1945年，抗日战争胜利后，出于迅速恢复交通的需要，于1947年由和县县政府作为筑路兴邦的重要任务布置到各乡镇，拉派民夫，将该路段逐渐修复。1949年春，中国人民解放军南下，该路发挥了重要的作用。

1958—1960年“大跃进”期间，石杨镇组织群众在夹山关一带上山砍伐林木，临时加固木桥2座。1959年，省公路工程处拨款3.8万元，并派员勘察，重新修建此路，分道路和建桥2个组同时施工。发动沿途西埠、孙堡、香泉、高关、石杨5个公社民工1万余人，开山炸石，采运石料，加宽路基6.5~7米，铺筑碎石路面20余千米。其中张集、乌江2个公社负责拖运修桥木料，修复木桥4座，投劳3万多工日，年底全线通车。

该路段自石杨北延伸1千米多至官渡，为滁河所阻。滁河河面宽阔，无力架桥，人员、货物仍靠舟楫摆渡，一直延续到80年代。1984年，两岸接线公路铺成泥结碎石路面，客货运输量与日俱增，和县、全椒两地交通部门几经协商，由石杨、官渡两乡政府先后筹资35万元联建公路汽车渡口。

官渡渡口码头于 1985 年 6 月动工修建，当年 10 月竣工。北岸码头纵坡为 9.6%，南岸码头纵坡 8.8%。购置 4 车渡机动渡船 1 艘，核定渡载能力为 25 吨，1986 年 3 月开始渡运；1988 年又增 1 艘机动渡船。1989 年，和县石杨与全椒官渡两岸浅滩结坡，各浇筑 10 米宽的水泥混凝土车道。正常水位河面宽 202 米，高水位宽 300 米，枯水位约 120 米，河道与公路接线基本垂直，南岸公路在结坡处设半径为 250 米的弯道 1 处，线型走向与河流平行。滁河渡口是连接合肥、巢湖、马鞍山、和县通往全椒、滁州的重要通道。至 1989 年底，年均日渡运汽车 40~60 余车次，其中客运班车 12 次。渡口由石杨、官渡两乡人民政府联合管理。

1999 年 7 月，和县官渡大桥接线工程开工，该工程是省道滁芜路官渡大桥南岸和县接线工程，全长 3.42 千米。按二级路标准建设，设计行车时速 80 千米 / 时。2001 年 11 月竣工，完工总投资约 1350 万元。

古驿道幸福桥 1970 年，为了方便行人和农村拖拉机等农业机械通行，决定新建幸福桥，连通古驿道，改变摆渡的状况。安徽省驷马山引江工程在石（杨）绰（庙）路 7k+500 处（又名小塘桥处），新挖灌溉水渠。幸福桥纵轴线与驷马山水渠水流方向正交，由驷马山水利工程指挥部设计承建，1970 年 3 月开工，1971 年元月正式通车，总投资 17.6 万元。

幸福桥（1971 年建桥时名为“团结桥”）（2017 年） 王俊 摄

幸福桥下部结构为浆砌块石重力式桥台；上部结构为空腹式双肋单波钢筋混凝土双曲拱，全长 81.5 米，单孔，净跨 59 米，矢跨比为 1/10。泥结碎石桥面，净宽 4.5 米，设计荷载：汽车 −10 级、履带 −50 级。

治水惠民

石杨地区地理环境特殊，四面环山。很久以前，山上杂草丛生，乱石成堆，生存环境恶劣。雨季洪水从四周山沟奔涌而下，经常暴发水灾，长年被水浸泡的低洼地带成为沼泽。无雨干旱时没有水源，历史上旱灾频发。这里基本上没有人居住，偶尔有逃难、乞讨者来垦荒，垦荒者生活艰难困苦。明朝开始关注治水，但苦于战火不断，人们无力整治水患。当时滁河没有治理，水涨人退，水退一般在7—8月。垦荒者前来抢种，种植的艰难和辛苦不可言状，工具简陋，杂草难除，衣不遮体，食不果腹，垦荒者生活在极其恶劣的环境之中。当时可以种植的庄稼只有荞麦，因此这里的圩区又名荞麦湖。抗日战争结束后，这里因战火而满目疮痍，周边邻县的逃难者纷纷来到这里垦荒。当地的有识之士投书给国民党和县政府，建议整治滁河，聚民开荒，然后收取耕种农业税。但建议方案没有得到有效实施。

中华人民共和国成立之后，安徽省政府特别重视滁河水患，协调江苏省政府同时治理滁河。调动中国人民解放军两个师的部队发扬“南泥湾精神”治水垦荒，发动地方群众开挖运河、围堤造田、兴修水库，彻底改变了山穷水恶的旧貌。

治理水患

滁河泛滥　滁河在历史上是一条天然河流，穿行于低山丘陵之间，两岸圩堤矮小单薄，“一遇淫霖，宣泄不及，往往横决为患”，若遇雨少年份，又河道干涸，遍地赤旱。“住在滁河岸，十年倒有九年旱，一遇大水又成灾，两岸圩田全被淹。”这是昔日滁河的真实写照。据史籍记载，明正统十四年（1449）至1949年不完全统计，500年间滁河流域共发生水灾79次，平均6年多发生1次。发生旱灾110次，平均5年不到就发生1次。明正统九年（1444）大旱，河泽枯竭，禾木不收，道殍相望。明嘉靖二年（1523）先大旱后暴雨，潦岁大，人相食。明嘉靖三十七年（1558），七月大水，街深数尺，可行舟，人淹死甚众。明万历四十年（1612），大雨连昼夜，洪水暴涨，淹死田妇近千。清顺治十五年（1658），九月大水，连雨十七日，田禾尽没。清道光三年（1823），滁、和等州县，七月蛟水大发，圩破、坏田庐无数。1931年和县滁河沿岸蛟水横流，田禾庐舍冲毁一空。

滁河两岸风貌（2017年）　　朱滨华 摄

三岔河（2017 年） 马维国 摄

诗人周廷佐《甲申大水歌》曾记述“田禾万顷眃眼空，昔日埂堤皆无功，庐舍漂泊畜牧死，村堡恍作蛟龙宫，水面横尸自偃仰”，“恶蛇挂树食人肉，鲟鳅跃出骷髅腹”。这是对水患灾害的形象描绘。

根治滁河 滁河，古称涂河，又称涂水，位于和县北境，是和县与全椒县的界河。滁河发源于安徽省肥东县梁园镇附近，曲折东流，经巢湖、全椒、含山、和县、滁州、来安等市县，到南京市六合区注入长江，干流全长 269 千米。滁河和县干堤总长 46.4 千米，在石杨镇境内 21.36 千米。

明正德十五年（1520）御史成德英曾进言：“应天等卫屯田在滁、六合者，地势低，屡为水败，从金城港抵浊河达乌江三十里，因旧迹浚之，则水势泄而屯田。”[①] 但“诏未可行”。

明嘉靖元年（1522），“再议开凿孟泽河、金城港、黑水河、分滁河之水南入长江”。嗣后开挖黑水河误凿石岑而止。嘉靖五年（1526），巡屯御史曹建“欲改滁河从和州分水岭，由赭乐山前达大江”，因“和州知州易鸾条陈不可者七事，遂寝”[②]。来安县民王来则力主开通黑水河，后由“巡按亲诣孟泽河、金城港逐一踏勘”后，认为“浦口

① 出自《和县水利志》。

② 出自《和县水利志》。

黑水河，北至滁河南至大江，共长 20 里，旧有河形，中止土冈四里，开挖泄水，使合肥、全椒各处山洪至此不得停留，径下大江，拟合举行”。嘉靖二十年（1541），巡抚夏杨开挖黑水河，将“北自滁河，南至大江两头一十七里有奇，挑挖成河”。明隆庆二年（1568），王来又进言开挖官塘，并具状赴南京通政使处，因“惟知急于开河，词欠宛转”，故而“触官获罪监禁”。明天启年间（1621— 1627），操江御史亲勘滁河水利，疏浚河道至孟子嘴。清康熙十九年（1680），来安县大水，圩田受淹，议开朱家山河。清雍正十二年（1734），开通朱家山河，但“旋淤塞”。乾隆十九年（1754）又疏通一次但不久亦湮塞。直到清嘉庆八年（1803），才由两江总督陈大文主持，又开通该工程，历时三年，滁河之水始“经六合、江浦宣化桥入江”。清光绪六年至七年（1880—1881），两江总督刘坤一、左宗棠又“炸石通道”，扩大了滁河通江口。

滁河古河道存在河床比较小、河深岸高、河道狭窄三大弊端，直接影响其灌溉和防洪功能。“雨天水漫埂，晴天水断流，蓄水靠筑坝，有水难上田”，这四句歌谣便是对滁河旧面貌的真实写照。

中华人民共和国成立后，各级党委和政府高度重视滁河整治。20 世纪 60 年代，安徽、江苏两省共同编写了《滁河流域水利规划报告》。1969 年 8 月，经国务院同意，水电部批准将驷马山入江分洪道工程列为滁河整治第一期工程。同时，对滁河采取退堤扩大河床断面、疏浚河床以及在上游部分河道裁弯取直三大措施，以期改变滁河两岸常年水患的落后面貌。

整治滁河大会战　　石杨镇政府　提供

安徽省政府和水利局等领导主持召开巢湖和滁县两地区以及全椒、和县、含山、巢湖四县负责人会议，研究讨论滁河安徽段河道疏浚加固工程相关事项，实行省统一安排，两个地区各设指挥部，各县分段包干责任制。1974—1976年，各县动员大批劳力，对该河进行疏浚、拓宽。工程设计以1962年、1969年洪水位为标准，相当于10~15年一遇洪水频率，除涝以10年一遇为标准。共完成土石方2183.2万立方米，疏浚河道46.2千米，其中和县段为31.5千米。施工任务由巢湖、含山、和县、肥东、全椒5市县民工承担，上工人数最多时达16.7万人。

石杨滁河干堤总长46.4千米，自20世纪70年代统一治理30多千米后，和县区乡（镇）又自行进行了大堤加固。1990年投资30万元，对裕民圩、新桥圩大堤进行了护坡。

由于历史原因，滁河统一整治后，和县段的堤防仍然堤身单薄，堤防上的涵闸大多数是圬工结构的险闸。1991年汛期，和县滁河大堤的头道防线——横河大堤决口两处，淹没7万多亩农田，占全县当年淹没农田一半以上。1991年12月，和县向巢湖行署水利部门上报了和县滁河除险加固工程设计，规划设计标准按1991年最高洪水位超高1米作为堤防高程，所有堤防顶宽6米。在堤防加固的同时，对一些险闸险涵进行加固或改建。总投资205.3万元，其中105.3万元为地方自筹。1991年冬至1992年春，石杨区组织善厚、绰庙、高关三个乡1.5万多名民工，对全长6千米的堤防进行加固，完成土方35万立方米。

石杨镇抗洪现场　　石杨镇政府　提供

驷马河水系（2017 年） 王俊 摄

自 2000 年开始，和县本着“一次规划，分步实施，重点治理”的原则，县乡（镇）两级克服财力困难，多方筹措资金 1500 万元，加固堤防土方 300 多万立方米，其中县里投资 300 万元，购置 20 台铲运机，分发给绰庙、石杨、善厚三乡（镇），每方补助 1 元，不足部分由乡镇解决。三个乡镇成立了专业队，人机结合，常年施工，对滁河大堤进行了加固，对闸站进行了改造。

2012 年，国家对水利工程建设加大了投资力度，将滁河治理列入了国家重点水利设施建设项目。2014 年 4 月 30 日，水利部批复工程开始初步设计。滁河干流堤防工程在和县总投资 2.62 亿元，其中工程投资 1.04 亿元，征迁投资 1.58 亿元（石杨镇 1.004 亿元，占 64%）。工程竣工后，滁河干堤防洪标准提高到 20 年一遇。

治理后的滁河，为滁河流域两岸人民的生产和生活提供了坚实的水利保障。

江滁通渠 驷马新河位于和县东北部，又称驷马山引江水道。驷马山引江灌区规划灌溉 15.7 万亩农田，主要包括绰庙、金城、石杨、陶店、善厚等沿滁区域以及乌江、张集、香泉等乡镇部分耕地。灌区总人口约 11.5 万人。这条人工运河既是引江灌溉工程的主干渠，又是滁河分洪道，流经安徽省和县和江苏省江浦两县，全长 27.36 千米，其中在石杨镇范围内约 7.6 千米。滁河接口在石杨镇金港村，因流经石杨镇金城庙的驷马山（又名“四溃山”），该工程被命名为驷马山引江灌溉工程。

滁河水运（2017 年）

赛群　摄

滁河在金港村附近的河道走向基本与长江平行，距离 30 千米左右，长江与滁河之间除驷马山外，大部分是丘岗和圩田。只要充分利用这一有利地形，切开滁河与长江之间的丘岗、低山，开挖一条人工河道，就既可以在滁河高水位时向长江泄洪，又可以在滁河缺水时，从长江提水，从而大大提高滁河两岸的防洪和抗旱能力。当地流传一首歌谣：“住在滁河岸，十年倒有九年旱，一遇大水又成灾，两岸圩田全被淹。要想农业大丰收，除非劈开驷马山。”

1969 年汛后，苏皖两省为解决六合、江浦、滁州、和县、全椒、含山等县的农田灌溉问题，组织民工在滁河中游金港村南侧开挖一条新河——驷马新河。引江水道工程全长 27.36 千米，计划开挖土方 1542 万立方米，石方 30 万立方米，砌石 5 万立方米。工程分两期施工。一期工段自乌江枢纽以下至长江边，全长约 4.7 千米。二期工段自金港村至乌江枢纽以上，全长约 22 千米（其中在石杨境内 7.6 千米），计划土石方 1362 万立方米，占整个工程量的 88% 以上。1969 年 12 月，24 万名江淮儿女会战驷马山，拉开了驷马山工程的序幕。滁河两岸的人民饱受水旱灾害的折磨，对兴建驷马山工程盼望已久，工程建设期间，滁河两岸广大干部群众表现了极高的积极性和劳动热情，大家怀着激动之情，男女老幼踊跃报名参加，很多是一家三代齐上阵。广大民工还在工地上开展了社会主义劳动竞赛和技术革新等活动。不论是寒冬腊月还是炎夏酷暑，广大民工都以饱满的热情投入劳动之中。后方对前方更是在生活保障、工具配备、物资供应等方面给予大力支援。在驷马山切岭段，工程艰巨，为按计划完成任务，定远和全椒 2 个县增加民工数，分日夜两班施工，提高了工效，加快了进度。

1970 年 10 月至 1972 年 6 月，开挖乌江闸至金港村长 22.8 千米的主河道。在中段自姚西至得潮湾，挖通驷马山切岭 5 千米。1971 年 6 月中旬，滁河发生洪水，6 月 13 日 18 时 17 分，驷马山水道在金港村的上游围堰被炸开，滁河水从中游直泄长江，1 小时后，水位下降 1 米多，驷马山工程首次发挥了显著的分洪作用。1971 年 7 月 1 日，乌江枢纽节制闸及船闸建成通水通航。同时还在灌区兴建了排灌电站，其中在石杨镇范围内的有官渡、熊庄、田渡、绰庙等电力排灌站。

江滁通渠，造福人民。通过驷马新河的开挖，建成的水利工程先后战胜了 1987 年、1991 年、1998 年、2003 年、2008 年等年份的特大流域性洪水。1978 年夏到 1979 年春大旱，自驷马山水道提引长江水 5 亿多立方米，灌溉农田 131.4 万亩，并为流域 100 多万人提供了生活水源。

为进一步增强驷马山分洪道的水利功能，2012年国家发改委立项，2014年4月30日水利部批准了驷马山分洪道扩建工程的设计方案，工程开始建设。工程建成后，驷马河的防洪标准将提高到20年一遇，泄洪能力也从500立方米/秒提高到1000立方米/秒，提高了一倍，极大地增强了滁河和驷马新河的防汛能力。

夹山关水库 位于和县北部石杨、高关两乡境内，东邻吃儿山，西靠如方山，坝址在夹山关和山周村两山岗之间，是一座以灌溉为主，兼有防洪、水产养殖、乡镇供水、旅游等功能的中型水库，又称“如山湖”。

夹山关水库于1959年11月26日开工，由高关、乌江、绰庙3个公社组织5000名民工承担土坝施工任务。在施工中，使用人力挑土和牛拉车运土，至1962年10月底基本建成。该库集水面积为40平方千米，设计洪水位34.77米，校核洪水位36.02米，正常蓄水位33米，死水位27.7米。夹山关水库灌区共建干渠3条，长16.9千米；支渠6条，长13.5千米；斗渠25条，长13千米。通过调节当地径流，解决了滁河以南，绰庙乡裕民圩以西，陶店乡大东圩以东，总面积22.2平方千米、1534公顷农田（圩田1380公顷，丘陵154公顷）的灌溉用水需求。

夹山关水库（2018年） 祁智婷 摄

内河整治

石杨沿滁河有三条较大的内河，分别是官渡河、小万河、九湾。中华人民共和国成立前都是因为滁河决口漫溢自然衍生的水面。但由于没有治理，水患常发，贻害生民。

官渡河　1975 年汛后，石杨公社为了治理水患，并沟通与滁河的航道，组织全公社民工整治官渡河，开挖河床，筑高河堤。整修后的官渡河道全长约 2.5 千米，河道底宽约 50 米，堤顶高程约 15.2 米，面宽 5 米，迎、背水坡边坡比分别为 1∶2 和 1∶2.5。因该河道堤防为人工挑筑而成，孔隙率大，土壤质量差，压实度严重不足，在洪水期，堤防多处出现散浸、渗漏、管涌和塌方，险情不断。为彻底消除河堤隐患，2015—2016 年，县级财政资金投入 2000 万元对官渡河进行了彻底整治，主要进行了填塘固基、锥探灌浆、堤防加高培厚、险段开挖回填、白蚁防治及草皮护坡和堤防道路建设等，官渡河上已经架起了一座大桥连接两岸。

小万河　坐落于中山村先锋圩。为发展经济，充分利用资源，1985 年经原绰庙乡政府研究决定开挖此河道，主要用于向外运出本地石料。该河道设计底宽 20 米，堤防长度约 1 千米，直通滁河，堤顶宽 6 米，边坡比 1∶2.5，修建有多处涵闸和上货码头。2014 年，滁河整治后，小万河堤顶高程在 14.5 米，与滁河堤防相差近 0.8 米，2015 年洪水期堤防出现多处漫水险情。2016 年秋后水利兴修时，对该处堤防进行全面加固。

官渡大桥（2018 年）　　高小真　摄

小万河（2018 年）　　祁智婷　摄

清澈的九湾泉水（2018 年） 王俊 摄

九湾 又称涧湾，石杨镇一条真正的内河，发源于高关境内的迢迢谷，流经高关、石杨、金城，曲折北流，于金城汪后村入驷马河中。九湾分上九湾和下九湾，分界处是如山湖。九湾岸边多山，其中有乌石山、如方山、拦龙山、孔夫山。一路有山泉汇入，也有地下泉水涌入，水质优良，曾获得国家级优质水资源证书，以此为水源的“九湾”牌矿泉水供不应求。九湾在石杨中学前有一温泉眼，冬天也冒热水。九湾水量充沛，给两岸农田灌溉带来极大便利。此地生产的水稻质量上乘，“九湾”牌大米是国内米业知名品牌。

围埂造田 历史上的滁河沿岸本为滩涂，并无圩田。往往是发水时一片汪洋，水退后荒草沼泽，渺无人烟。开荒筑圩，有文字记载始自明朝。

明隆庆四年（1570），知州晋朝臣令民开垦北乡荒地建圩。后于明万历元年（1573），经知州康诰筑堤、丈量，士民因赖以生存，取名永康圩。

明正德十五年（1520），御史成德英即主张“从金城港抵浊河达乌江三十里，因旧迹浚之”，在滁河边屯田。明嘉靖年间（1522—1566），也有开垦建圩之举。明万历年间（1573—1620）建成后河圩，以后历代都继续开垦，并加筑堤防百余里。

初建的圩堤均为长坝大圩，常因“地势平衍”，致使“水滩骤泄”，每逢大雨洪涝，农田极易受灾。鉴于这种情况，明清以后逐渐在大圩内围埂造田，将大圩分割成小圩，滁河沿岸湖洼地又陆续建圩。据国民政府旧档案记载，1947 年“查金绰乡骆家圩原系县有公产，年久荒芜，殊为可惜”，县政府饬“和县财产整理委员会”办理骆家圩垦务事宜。“兹有晏承复者，热心地方公益人士，对于垦务素有认识”，特聘请晏承复为“金绰乡骆家圩垦务经理”，负责骆家圩荒滩荒水治理和围埂造田。

中华人民共和国成立以后，在地方政府的规划和组织下，石杨沿滁河建成了一批圩田良田。幸福、新农等村在驷马河水道贯通后，将驷马河岸边滩涂整理成良田。裕民村在滁河边筑起裕民圩，由于独特的位置优势，裕民圩已成为优质粮油良种繁育基地。至2018年，石杨镇5000亩以上大圩有铸陆圩、剪儿圩、陆家圩；1000亩以上圩口有裕民圩、新桥圩等。

移民垦荒 石杨镇沿滁河一带是一片长满了芦苇杂草的沼泽荒滩，俗称“荒草湖”。因靠近滁河，年年汛期发水，无法进行农耕生产，沿岸百姓一般以捕鱼捉虾为生，现在的裕民圩原称“渔民圩”，由此而来。1946年，国民政府曾组织了一批劳改犯来开荒，但由于生产、生活条件过于恶劣，无功而返。

1947年，无为、肥东、安庆、池州等地一些移民，因为家乡遭灾，在外面逃荒，听说和县有个荒草湖，有很多土地，可以去开荒，开出来的田可以自己种自己收，不纳捐税，纷纷来到石杨进行垦荒。有些人考虑到自己一家去一个陌生地方开荒，势单力薄、困难太大，就联合生活无着的老乡，结群来开荒。当时开荒的生活条件很艰苦，没有房子，开荒者只能用芦苇搭建了简陋的棚子，没有门窗，只是夜间挡挡露水，后来生活稳定后，才搭建了有短屋脊的简易棚子。

当时的滁河堤坝非常低，开荒者只能在每年水退下以后，将荒草烧掉，开垦土地。因为自然和生产条件都很简陋，所以效率很低，每户一年开垦的土地在20~30亩之间。正常年份，在汛期水退之后就可以抢种庄稼，但拓荒者只能种生长周期短的植物——荞麦，当年就能有收成，能满足开荒者们的生存需要。除食用外，多余的荞麦还可以用来酿酒。但如遇特大洪水，洪水浸漫的时间长，错过季节，就会颗粒无收。

中华人民共和国成立初，仍有一些外县移民到石杨荒草湖垦荒。据不完全统计，外地到石杨垦荒人数有1000多户，4500多人，围埂开荒达15000多亩良田。众多的垦荒者，在这样艰苦的环境下，一代又一代的辛勤耕耘，生息繁衍，才创造出滁河沿岸荒滩变良田的奇迹。

水翻龙王山 1959年，是实现人民公社化后的第一年，石杨地区持续干旱，其干旱时间之长，程度之深，为历史罕见。入夏以后，雨量稀少，自6—9月，连续4个月未下过一场大雨，金河口水位降为5.25米，致使县内河流断流两个多月，旱情极为严重，群众称之为“勒脖子旱”。

面对严重旱情，县委号召全县人民紧急行动起来，抗旱保苗，全县共发动8.7万名群众，组织了95台抽水机，2.1万辆水车，与含山、江浦县协同大兵团作战，在得胜河、石跋河、驻马河、滁河等处提江水灌农田。和县绰庙公社大部分为丘陵山区，塘坝早已干涸，1.3万亩农田几乎全部受旱。在这万亩良田与滁河之间，横亘着一座83米高的龙王山。龙王山位于绰庙中山村，为皖苏分水岭。为解决引滁灌溉这一难题，绰庙公社党委决定劈开龙王山，将滁河水引进受旱农田。于是县委提出了“长江水翻鸡笼山，滁河水翻龙王山”两大工程构想。在县委的高度重视和大力支持下，绰庙公社成立了指挥部，首先组织400多名壮劳力，开挖了滁河至龙王山脚1980米长的引水渠，然后调集全公社4000多名民工，400多辆水车和3台柴油机，全面铺开引水上山战场，仅在龙王山北坡就安设了135道水车逐级提水。其中难度最大的是水路通过的称作“龙王角”和“老虎嘴”的两处巨石地段，指挥部把最精干的青壮年部署在这两个难点地段。引水战斗打响之后，采取换人不歇车的办法，千人战场，上下同心，顽强拼搏，连续作战，终于将滁河水翻过了龙王山，谱写了一曲人定胜天的华彩乐章，群众高歌“英雄人民英雄胆，劈开山岭引河水，坚决跟着共产党，旱年变成丰收年”。

绰庙公社这一翻山引水的壮举被上海电影制片厂拍摄成纪录片《水翻龙王山》。

龙王山（2017年） 马维国 摄

军垦史诗

在治理滁河、开垦荒滩的历史中，中国人民解放军部队做出了不可磨灭的贡献。

“三年困难时期”之后，部队响应毛主席“备战、备荒、为人民”的号召，发扬南泥湾精神，一方面为保卫祖国加强战备，一方面大力发展农副业，生产自己需要的产品和国家人民需要的物品，以保障部队的供给，减轻国家和人民的负担，并尽一切可能支援地方各项建设事业。

根据这一指导思想，1964 年 10 月 6 日，省人委农办印发《关于荒草圩农场交接问题座谈会纪要》，安徽省将白米山农场荒草圩分场交给中国人民解放军 6408 部队使用。于是一支解放军队伍开进了滁河沿岸的荒草圩。

1974 年 12 月 9 日，6408 部队将荒草圩农场分成一、二、三圩，一圩为 34 师农场，二圩及三圩 200 公顷土地为原 35 师农场，三圩的部分土地为 6408 部队后勤部造纸厂。三个圩分属后，因当时农场机械化程度不高，35 师每年都派一个团的兵力，常年驻守农

军垦部队照片（2015 年） 石杨镇政府 提供

部队农场驻地（2015 年） 马维国 摄

部队农场办公楼（2015 年） 马维国 摄

场配合收种。

荒草圩一圩 土地总面积 646.67 公顷，其中部队农场耕地 266.67 公顷，鱼塘 53.33 公顷，其余的土地和鱼塘由滁河两岸的当地农民耕种。1974 年年底，根据 6408 部队指示，83651 部队接收荒草圩一圩农场，作为师部的生产基地，以减轻地方政府的负担，完成防汛任务。

83651 部队农场从建场伊始就十分重视农田水利基本建设。1987 年，架设了高压线和电话线，修建了总机房、道路和自来水站。1989 年冬，农场全体干部战士与师增援部队共 1200 人，奋战 1 个月，挖土 8 万立方米，加固大堤，清除淤泥，修挖田沟。并投资 10 余万元，对大小排灌站的泵体进行更换，加强了水利配套设施的建设和改造。农场已达到了旱能浇，涝能排，旱涝保收。基本建设做到了通路、通水、通电、通话（电话）。

师农场早期单一经营农业，主要从事粮食生产。遵照军、师关于加强生产工作的指示，精耕细作，不断完善生产承包责任制，使粮食产量逐步递增。在从事农业生产的同时，师农场的多种经营也有了较大发展，渔业生产年创利 10 万元左右，有 20 门轮窑厂、1 个金刚石厂，并组建了工程队。经过多年的艰苦创业，已由原来落后的手工劳动，发展成初具规模的机械化生产；由单一经营农业，发展成农、工、牧、渔、副业并举的综合经营的农场，为保障全师教育训练和部队生活需要做出了贡献。

荒草圩二圩 1985 年 10 月部队精简整编，原二圩负责治理的 6408 部队 35 师农场被撤销，改为 83230 部队接管荒草圩农场。

二圩农场位于滁河下游西岸，东部紧靠滁河，西部与黄土岗地交界。圩内地形呈锅

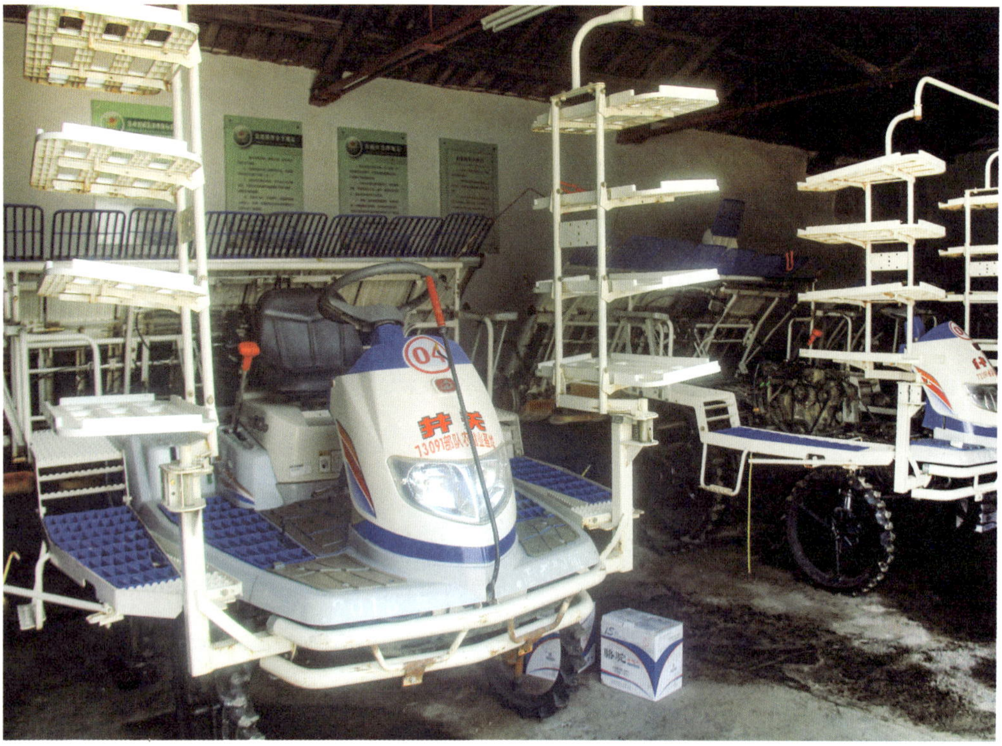

部队农场生产机械（2015 年）　　马维国　摄

底状。在沿滁河边及圩堤地段的地势略高，高程为海拔 10 米左右，中部地势低洼，高程为 7.7 米，洼地中心偏于两侧岗坡之下。二圩农场土地总面积 439 公顷，其中，部队农场耕地 200 公顷，农民耕地 129.13 公顷，营区面积 44.53 公顷，水面 30 公顷，二圩堤长 6658 米。农场拥有农业机械总动力 1624 千瓦，包括大中型拖拉机 17 台、联合收割机 3 台、水稻收割机 3 台、各种配套农机具 46 台套、各种车辆 8 辆。设场长、副场长，机关设生产、政治、后勤 3 个处，下设农业队、副业队、复合肥厂。

1983 年以来，二圩农场加强了农田水利基本设施的整修和配套建设，耕地普遍实行了条田化，共 118 块条田。200 公顷耕地分三个作业区，其中一区面积为 72 公顷，二区面积为 66.3 公顷，三区面积为 61.7 公顷。三个区基本都以“一麦一稻”或“一麦一豆”轮作，条田之间有排水沟相连，圩中间有中心渠与条田沟相通。水利设施配套，有排灌站 1 座，动力为 330 千瓦，排灌能力为 3 立方米 / 秒，每年汛期保障农场耕地排涝。1987 年以后，全场官兵和支援分队一起，连续几年都加固大堤和修复高位水渠，挖土方 33500 立方米，新开鱼塘 3 公顷，加固大堤 6.3 千米。

83230 部队荒草圩农场担负着为机关和部队提供农副产品的补给任务。为了增强保障能力，全场官兵团结一心，艰苦奋斗，深挖潜力，在科学种养和管理上做文章，向科技要产量，向管理要效益，与驻地农科所和植保站建立横向联系，聘请农科院教师当生产顾问，借科技之力，发展农业生产。1981—1985 年，耕地面积 200 公顷，粮食总产量 503 万千克，平均年产粮食 101 万千克，年平均利润 25 万元。

在从事农业生产的同时，加强多种经营，养殖业、工业、运输业、服务业都取得了明显效益，既保障了部队供给，又为群众的生产生活做出了很大贡献。

石杨镇旧貌换新颜，是新中国农村历史变迁的缩影。在共产党的领导下，在人民军队的支持帮助下，与天斗、与地斗，根治水患，驱逐旱魔，昔日荒草滩变成了米粮仓。

收割菜籽（2019 年）　高小真　摄

收割稻谷（2019 年）　倪林　摄

乡村旅游

石杨镇地处和县北部，境内群山连绵，河流纵横，有如方山、阴陵山、如山湖、滁河、驷马河、裕民圩、霸王泉等多处自然与人文景观。

石杨镇重点打造经济强镇、文化强镇、旅游强镇。旅游景区大致可分为滁河观光带、如方山景区、阴陵山景区。另有“四十八景”，星罗棋布。可谓“一河挑两山，好景随处看”。

石杨镇抢抓皖南国际文化旅游示范区和北部山区国家AAAA级生态旅游度假区建设契机，充分挖掘本土历史文化、自然资源，以“休闲、健康、文化”为主题，以项目建设为引领，努力把该镇打造成南京及长三角地区旅游“后花园”。

按照“一山（如方山）一湖（如山湖）一馆（戴本孝纪念馆）一树（气象树）一寺（憨山寺）一堂（端木草堂）一古道（花月大道）”发展理念，串点成线，打造石杨“一日游”多条线路；开展国家A级景区创建工作，重点打造气象树等知名文化景点；发展观光农业，鼓励支持农户举办采摘活动，打响高滕葡萄、先锋板栗等本地特色农产品品牌；办好绰庙“三月三庙会”，挖掘民俗文化资源，叫响石杨名片；制定旅游宣传方案，发挥优势，重点加强对南京、合肥、滁州等周边城市的宣传。

如方山景区

如方山景区是指以如方山为中心的高关村、八禁村、石杨社区的 14 处景点所形成的一个小旅游圈。

如方山 如方山，旧名六合山。位于石杨镇如山湖西北端，距县城 25 千米，海拔 315 米，为全县最高的山，绵亘十里。

东晋隆安（397 —401）初，尝游天竺、大夏诸国，通梵文、译佛经的甘肃凉州宝云和尚，从江南到此幽栖以终。南朝刘宋大明七年（463），孝武帝刘骏登临此山，望之如金陵方山，故名如方山。到南朝梁代天监年间（502—519），梁武帝萧衍登上此山，以望六合，亦名六合山。

烟雨蒙蒙的如方山（2017 年） 马矩林 摄

宋代和州巡检贺铸在《登如方山》诗中写道："楚郊十月尚闻蝉，傍道黄花亦可怜，特上西山最高处，长安应在夕阳边。"

如方山古迹甚多。山上曾建有一座昭明院，院内有塔，名"六祖塔"，且有寺，名"六坟寺"。梁昭明太子萧统曾在院内读书。西岭怪石嶙峋，名"狮子岩"，岩下有一石潭，深七丈余，叫"金牛井"。西南山麓陡峭处，有一石岩叫"钓鱼台"。

明末戴重有《如方山四咏》(《昭明院》《六祖塔》《狮子岩》《金牛井》) 咏之。如《昭明院》写道："萧家藏经寺，亦有读书台，竹栝滴空青，白云招手来。"清光绪《直隶和州志》中也都有明确记载。可惜有些胜迹景点，均毁于日军炮火之中，如今眼见残砖碎瓦一片，令人不胜惋惜。

如方山也是革命的摇篮，拒敌的屏障。在抗日战争中，新四军和含支队常在此山内开展游击活动，为附近发起的石灰张突围战树立过胜利的旗帜。

20 世纪 50 年代，如方山辟为国有林场以后，植树造林，风景更美。苍松翠柏，郁郁葱葱，林海茫茫，风吟鸟唱。东南坡凤凰垄上的大片油桐树，桐花应时怒放，如同凤凰展翅，十分喜人；主峰之下的杏子洼毛竹，翠竹万竿，昂然挺拔；西北坡槐林幽深，草药云集。这里盛产桔梗、紫丹参、百合、沙参，还有党参和木灵芝等中药。置身山间，看层峦耸翠，绿波万里；听百鸟齐鸣，山泉流响，恍如置身世外桃源。

21 世纪以来，随着和县旅游资源的开发，山下的夹山关水库改名为如山湖，而华东最大的碧桂园区也在这里落户。它们合为一体，成为皖东独具特色的旅游胜地。

姜子牙钓鱼台遗址（2017 年） 马维国 摄

如方山生态农场（2017 年）　　马维国　摄

如山湖大坝（2017 年）　　李俊　摄

如山湖　位于石杨镇如方山南麓。原名夹山关水库，东邻吃儿山及西山，西倚如方山及东山，北为大坝，坝址在夹山关和山周村两山岗之间，呈南北走向，三面环山，一面临谷。西北有连绵起伏的如方山，群山环绕，东南与层峦叠嶂的老山、岘山相连。山上茂林修竹，绿荫如盖，湖中碧水盈盈，终年不涸。湖呈南北走向，向南步入迢迢谷，向西伸进吐儿桥。长 3.5 千米，宽约 1 千米。湖小而窄，细而长。四时之景不同，晨昏气象有异，是写作者、摄影爱好者的天堂，很多年轻人在这里拍摄婚纱照的外景。在湖西岸，已建成华东地区最大的碧桂园区，成为人们休闲、度假、安居、游乐佳处。

湖边的栈道，洁白的芦苇，水鸟荡起的涟漪，水天一色的湖景给人一种难以言喻的惬意。蓝天、白云、草地，湖光山色美不胜收。南京旅人称如山湖“比千岛湖秀气，比西湖朴实，既美又实用，还能灌溉几万亩农田”。

夹山关古道　位于如山湖东面，和县北 25 千米处。此处两山（亦分称岘山、老山）壁立（高约 300 米），中通如弄（宽约 80 米），以为锁钥，历代皆为军事要地，故称夹山。山上有险要关隘，称为“夹山关”，山下的峡谷，称为“夹山关古道”。关隘四周山峦重叠、沟壑纵横、腹地宽大、怪石嶙峋。山腰间，留有昔日土壕、石堡等遗迹。

清顺治十六年（1659），和州知州杨继芳在《夹山关》诗中写道：“常道出门好，逢山眼倍青。峰多红日障，路曲白云停。倦鸟归深树，流泉入草亭。野人眠正稳，游子为谁醒。”《直隶和州志·舆地志》记载：“夹山关，州北五十里。正德中，州同薛祖学筑以御刘六之乱，薛字渭野，故亦名渭野关。两山对立，山口径路崎岖，为自全椒南来扼要

夹山关古道遗址（2016 年）　　彭庆云　摄

之地。”新中国成立初期，这里还是石杨通往香泉、西埠、和城的要道，后因修筑夹山关水库（今如山湖）和戎桥水库（今香泉湖）而断。现在依然可以看到两山相对而立之景，感受往昔关隘之险。

清代顾祖禹《读史方舆纪要》中有关于石杨镇古道夹山关的记述：“乌石山，州西北六十里。两山相峙，路经其中，山石多黑，因名。又夹山，在州北五十里，岩嶂环峙，隐如金城，为一方厄塞，中有夹山关。《志》云：州东北五十里为者乐山，一峰亭亭秀出。其相近者曰北大山，山势高耸，一名北山。”“夹山关，州北五十五里，有夹山铺，两山壁立，耸峭夹道，山口崎岖，与滁州接界，为南北咽喉，明正德中，巨寇刘六等犯境，州同知薛渭野垒石置寨于此，以控守要害。今寨废，而石垣尚存，亦名渭野关。”

迢迢谷景区

迢迢谷 关于迢迢谷有两种说法。有人认为其南自鸡笼山，北至如方山麓，位于东山、西山之间，是如山湖源头。多数人依据《直隶和州志·舆地志》记载，认为另有所指。其曰："张婴洞，洞中有石盎、石琴，为崇祯乙亥避乱者所败。洞顶石罅中产黄精，大如拳。"以此推断，迢迢谷位于如方山西侧，气象树以北，谷长十里，中有乌石山、张婴洞等景点。

明代和州戴重曾作《至迢迢谷》诗："豺虎纵横未解围，间关犹得返荆扉。雨来晚涧村多哭，月满秋峰鸟不归。聊复荷锄看豆落，敢曾沽酒问鸡肥，良朋殄瘁身将老，欲就山林事转违。"清代孟成儒作《迢迢谷》诗："鸡犬人家住翠微，野禽闲带白云飞。菜根香泛春烟里，处处青山煮蕨薇。"

迢迢谷下高滕村（2019年） 高小真 摄

如今，沿迢迢谷北行，至高关村山吴自然村南行，穿过小庵、老庵两处水塘，到达乌石山山麓。再攀缘南上，几至山顶处，即可找到张婴洞，洞口一米见方，直上直下，如偌大的古井，深不可测。

而小庵、老庵两处，应为守砚庵遗址。《直隶和州志》载："守砚庵，州北五十里迢迢谷中，一名碧落庐，河村戴氏读书处。中祀宋末碧落道人及河村先生。庵在山中，阒无履声，猿鸟去来，樵歌互答。秋深枫桕饮霜，远瞩如绣错，习隐者停车玩之，尘中人不知也。今其子姓世守之，故名。"

现迢迢谷已经成为葡萄产地。秋冬季节，枝柯横斜，春夏之季，绿叶婆娑、鸟鸣蝉唱、果实累累、甜香弥漫。当地人又精选优质葡萄酿酒，且有甜、辣、干红等多种品种。游客可以入园采食葡萄，入户品尝美酒。

张婴洞 位于和县石杨镇高关村乌石山下迢迢谷中，谷长10余里。北达如方山山麓，南通掉尖山山峡，俗称"黑凹"。"此洞石孔嵌豁，一山皆空，罨烟其中，千突云涌。"据《中国历史通览》载，东汉汉安元年（142），广陵（扬州）人张婴领导流民在徐、扬一带举行暴动，时起时伏，前后达十余年之久。推断张婴领导暴动失败后隐居此洞，又因当地传说张婴修道于此悬壶济世而得名，故称"张婴洞"。据《直隶和州志》记载，洞中原有石奁、石琴，已为明崇祯八年（1635）避乱者毁坏。

此洞规模宏大、空旷幽邃、氤氲云涌、变幻莫测。今洞尚存，但已被乱石堵口，人不得入。若投石洞中，则铿锵有声，如铜铃脆响，余音不绝。

张婴洞（2019年） 高小真 摄

碧落亭中守砚碑（2019 年）　　马维国　摄

三戴纪念馆　位于花园村境内，纪念馆旁有马鞍寺旧址、三戴墓园、戴氏祖茔地，皆与明末清初戴重家族相关。

明末清初的“三戴”，父亲即著名诗人、反清义士戴重，其长子、布衣书画家戴本孝，其次子、诗人戴移孝，均曾定居于此。2013 年 4 月，和县人民政府于此处兴建“三戴墓园”。墓园里有纪念馆、碑廊、三戴墓冢、牌坊等。

三座墓冢的碑文由当代书法家石虎、吴忱光、石范扬先生题写。

三戴墓园牌坊（2018 年）　　马维国　摄

三戴墓（2018 年）　　李俊　摄

纪念馆独立院落，前有照壁。院内有 7 间平房，坐北朝南，另有 3 间厢房，坐东朝西。共 10 间房屋，合计 335 平方米。设有展厅、创作室、休息间等。院墙嵌有当代书法家作品及许宏泉撰写的《重修戴氏父子墓记》。

高皇殿 高关老街旧称高皇殿，有一条小街，东西走向。因朱元璋的光顾而闻名四方，“走红”数代，远近商贾争相涌来，街道的青石板上足音不绝，市集人声鼎沸。

朱元璋南下滁州，连克全椒，计取和州时，途经石杨，屯兵如方山，扎营迢迢谷，大本营就设在原小街的一座古刹之中。朱元璋曾想建都于此，终因高皇殿西边两山之间关口曰“二狼口”，“朱”“猪”谐音，猪又怕狼，而放弃初衷。后人将朱元璋所住寺庙称为金銮殿，把小街称为高皇殿。又因其处于关口位置，后来又称高关。

抗日战争时期，和县中学曾迁至高关，占用寺庙上课。后来日军攻占此处，学校迁到善厚继续办学。日军将寺庙拆除，改作邮电所，系两层楼房，后来为高关油厂所用。老街原有葛家饭店，生意兴隆，葛氏红烧猪肘堪称一绝。

1959 年开挖夹山关水库（今如山湖），原在低处的村庄搬迁至老街，又因街东低洼处积水成湖，难以发展，故将街道改道，遂成南北方向。

耿家油坊 位于高关老街。四合院格局，南面为四间两层楼房，木地板，木格窗，北面占地约 1000 平方米，有碾桩、磨盘、木榨等物件，碾桩刻有“嘉庆七年”（1802）字样。

耿家世代经营油坊，新中国成立后，油坊被收归公有，改为高关公社油厂，而耿家迁至东山黄继续开油坊。改革开放后，企业改制，耿家收购了高关油厂。近两年，对油厂进行改造、装修，面貌一新。

嘉庆七年的大石碾（存于高关老街的耿家油坊内）（2016 年）

朱滨华 摄

五里墩遗址 位于高皇殿南侧（如山湖风景区域），此区域三国时期曹操曾安营扎寨，朱元璋曾操练兵士，太平天国陈玉成曾驻扎于此。游客至此尘封的古道，有穿越时空隧道之感。

吃儿山与吐儿桥 吃儿山位于如山湖东，吐儿桥位于如山湖西，后者现已成为吐儿桥水库，桥已无存。山原叫柴山，桥原叫土儿桥，后更名。源自代代相传的一个有关商纣王与周文王的故事。

传说三千多年以前，商朝最后一个君王纣，施行暴政，极其残酷，百姓恨之入骨。当时，周文王姬昌是商纣王的一个诸侯，爱民若子，施行“仁政”，受到人民爱戴，势力逐渐强大。纣王惧怕姬昌夺取他的王位，对他怀恨在心，想用各种手段谋杀姬昌。有一次，姬昌随商纣王出游，行至柴山时，纣王逼迫姬昌吃掉自己亲生孩子的肉，否则就杀掉他。为了求生，姬昌只得照做。不到一会儿工夫，姬昌腹内胀痛，非常难受，走到土儿桥时，一口吐出，肉块落地成兔，一蹦一跳地跑掉了。

有人说，此故事当由《封神榜》文王吐子故事演变而来。

附近如方山上，有两块巨石，一平放，一直立，如同靠背椅子，当地人称钓鱼台，有姜子牙于此垂钓之说。姜子牙成长、生活在安徽省临泉，在入陕辅佐周文王前，有过一段周游各地的经历。石杨距临泉不算很远，同处长江之北，姜子牙到过此处，吃儿吐子的故事当有渊源。

到了元末明初，常遇春随朱元璋起事，谓其被敌军追击，或进攻江南时，一只脚踏着柴山（即吃儿山），另一只脚跨过长江，落在采石矶三元洞上方，现两处皆有大脚印，供游客观赏。

吃儿山（2017 年） 祁智婷 摄

宣传胡业桃油画　　石杨镇政府　提供

胡业桃烈士陵园　胡业桃（1949—1970），石杨镇中士李村人，1969年3月应征入伍，参加中国人民解放军，同年6月加入中国共产主义青年团，生前是海军航空兵38521部队导航连战士。

1970年1月25日，胡业桃在一次战备施工中，为抢救触电战友而英勇牺牲，年仅20岁。7月6日《人民日报》以《一份没有填写的入党志愿书》为题报道了他的英雄事迹。7月27日中央军委授予他“模范共青团员”光荣称号，追认其为中国共产党党员，并向全军通报表扬。同年，和县革命委员会在烈士家乡李村前山坡上建立烈士陵园。1989年和县人民政府公布该处为县级文物保护单位。2015年6月5日，被马鞍山市人民政府公布为市级文物保护单位。此景点现为和县中小学生爱国主义教育基地。

胡业桃烈士陵园（2019年）　　倪林　摄

阴陵山景区

阴陵山绵延起伏，以此山为中心，涵括中山村、新桥村、绰庙社区等 14 处景点，形成旅游景观带。

阴陵山　阴陵山位于中山村、绰庙社区和江苏省南京市浦口区星甸街道交界处，北面濒临滁河，主峰海拔 145 米。距和县县城 40 千米。

据《直隶和州志》记载："阴陵山，州北八十里，项王迷道处。上有刺枪坑，为项王立枪地。旁有泽，名红草湖。春夏之交，潦水涨发，弥漫无际，即'阴陵九曲'。泽中有项王村，项王迷路于泽中，周回九曲，后人因以为名。"

阴陵山（2018 年）　马维国　摄

霸王桩（2016年）　朱滨华　摄　项羽铜像（2019年）　高小真　摄

唐人张祜有《过阴陵》诗：“壮士凄惶到山下，行人惆怅上山头。生前此路已迷失，寂寞孤魂何处游。”

阴陵山亦称灰头山，源于项羽故事。传说项羽由垓下大败逃至阴陵山时，正是月黑风高之际，战马奔腾，尘土飞扬，阴陵山笼罩在灰蒙蒙的尘土之中，所以村民称其为灰头山。

北面半山腰有霸王泉。此泉位于高约4米、宽约8米的巨型青石下，形似猪腰，清澈见底。传说项羽当年在此处安营扎寨，出征归来，人饥马渴，以宝剑插入巨石底下，以泄怒气，未曾想一股清泉喷涌而出。多年以来，从未枯竭，也未断流，泽被周边。

北面山下有块石碑，高4米，宽0.7米，为质地坚硬的荷花石。传说拴过项羽的乌骓马，故名拴马桩，又称霸王桩。旁边有寺，过去称阴陵寺，现称寒山寺。盖老新桥大队部时被拆除，以取其砖木材料。当地百姓在绰庙街中立起项羽铜像。

山下又有九牛塘，传说八头牛在塘中打汪，看起来却有九头牛，村民多谓此塘有仙气。周边山峰众多，如四溃山、插花山、红石山、将台山、圣女山、孔夫山、北大山等。

红草湖机械耕作（2016 年）　马维国　摄

普觉禅寺（2017 年）　马维国　摄

红草湖　红草湖位于裕民村，原是滁河的泄洪区，总面积约 266.67 公顷。红草实为荻柴，生长旺盛、生命力强。洪水退后，人们在此补种荞麦，秋后花开白茫茫，故称荞麦湖。虽然荞麦面白如雪，做出粑粑硬如铁，但在困难时期，在一定程度上解决了村民粮食问题。1962 年前后开发，中国人民解放军官兵也曾在此垦荒，围湖造田。时任新农大队支部书记的邢正权，将红草湖更名为裕民圩，意为富裕乡里。

经过几代人改造的红草湖，如今已成为肥沃平整的良田。春日禾苗碧绿、一望无际，秋来稻谷金黄、稻香千里，风景优美，引人入胜。

插花山　位于阴陵山之西，海拔 62 米。山上有庙，曰插花庙，庙祀虞妃。村民祷子，皆插花一枝，故名。现扩建了普觉禅寺。

四溃山　四溃山，一名驷马山。位于金城村与江苏省南京市浦口区石村交界处。据司马迁《史记·项羽本纪》记载，项羽败于垓下，越淮南下，过阴陵山，至四溃山，只剩二十八位骑从。汉兵追至，羽乃引骑，依山为阵，四面驰下，溃围斩将，驰向乌江。1969 年开挖驷马河时，民工开山碎石，终使河道穿山而过。

三孔　“三孔”指孔夫山、孔夫寺、孔夫桥，均位于金城村涧湾北岸，皆与孔子有关。

孔夫山高约百米，长近千米，一山兀立，旁无依傍。相传孔子周游列国时，经过此处。

山下有孔夫寺，始建年代不详，多次重修。寺庙两进，中有天井院，院内有两棵桂花树，树高两丈，每逢秋季花香十里。庙内有多尊佛像，有多名僧人，有庙产，皆为附近乡民所捐。民国年间，香火甚旺，寺庙毁于抗日战争时期，田产和寺庙遗址被当时政府征用。中华人民共和国成立后，寺庙财产分给穷人。山上建成林场。目前仅存下明朝万历年间石碑一块，有圆柱基石，碑上有文字记载“明万历十四年刻”。现在原址重建栖云禅寺，建造者为邹成栋居士。

山里人家（2019年） 高小真 摄

涧湾上有木桥，即孔夫桥，中华人民共和国成立后，在原址上修建了新桥。

盛家硔村 古村落，在两山凹之间，因势象形建起民房。明朝出过大学士，盛氏曾为书香门第，官宦人家。原宅前立有牌坊和旗杆石，“文化大革命”时期被毁。

清时，盛家得《职思堂法帖》碑刻。原有70多块，现存9块，有东晋顾虎头书小楷《文史箴》、隋代智永草书《千字文》、唐代钟绍京楷书《转轮王经》、宋代米芾草书手札、苏轼草书诗词等，均为汤氏所刻。碑刻现存县博物馆，苏轼、米芾书碑在县博物馆展出。

盛家硔村（2017年） 马维国 摄

端木草堂（2019 年）

端木草堂　端木礼海，自号梦梅，1930年出身于书香门第，得乡里草圣大师林散之教诲，一生爱梅如痴，已故著名书画家萧娴赞誉其为“江南一枝春”。《人民日报》、中央电视台、《收藏天地》等多家媒体都曾对他进行过专题报道，首都博物馆等海内外藏馆和收藏家都珍藏有端木礼海的梅花图。端木礼海的作品已越来越受到收藏界的关注和青睐。

高小真　摄

端木草堂庭院（2019 年） 高小真 摄

端木草堂位于绰庙老街，占地近 3000 平方米，是石杨镇政府为画家端木礼海修建的一座美术馆。馆内不仅收藏有端木礼海数十幅梅花图，还展示着林散之、关山月、武中奇、陈大羽、欧阳中石等 33 位近现代著名书画家为其题画的作品，赖少其、黄叶村、萧龙士等一批名家也与之合作多幅梅花图。2008 年 4 月 8 日正式开馆。

三间明清建筑风格的草堂，掩映在一片绿荫之间。堂内陈列着端木礼海肖像、生平年表和部分名贵梅花图。

院中植梅数株，有荷花池、假山石。梦梅亭翘角凌空，点缀其间，夺人眼目，四周围墙嵌名家字画石刻。一篇《梦梅亭记》碑文道出了画家爱梅、画梅、学梅的品格与风范。整个环境朴实、优雅。

观光林 观光林包括竹林、板栗林、杜仲林和银杏林，主要位于中山村先锋自然村。

板栗林集中在高家洼、陈家洼。高家洼板栗林有板栗树 80 余棵，该树林有 400 年历史，有的树直径达 1 米，所产果实香气逼人，在当地深受欢迎。陈家洼板栗林距今约 400 年，共有板栗树 30 棵。

杜仲林与板栗林毗邻。1990 年，由时任绰庙乡先锋大队书记兼先锋林场场长的汤德化，带领群众一次性栽植 5000 棵。1995 年，先锋杜仲林被列为全省消灭荒山、发展林

竹林（2016 年）　祁智婷　摄

业经济的基地之一，并确定为副省长蹲点单位。之后三年继续栽植，面积发展到 20 公顷，总数达到 3 万棵。

在东王水库旁，有一块不大的银杏林于 1959 年栽植，现存银杏树约 30 棵，早在 20 世纪 80 年代已经载入安徽省名贵树种目录。1994 年又在先锋北面狮子山栽植一批，约 300 亩，包括农民家前屋后所栽，总数在 3 万棵左右。经过 20 多年生长，已蔚然成林。

板栗林（2016 年）
朱滨华　摄

杜仲林（2016 年）　朱滨华　摄

银杏林（2016 年）
祁智婷　摄

白果山庄　白果山庄坐落于绰庙社区，为徽式古典园林。水面宽阔、视野开阔，古典园林与假山勾勒出古色古香的场景，置身其间感受非凡。

白果山庄因百年白果树而得名。据考证，山庄的白果树的树龄百年有余，树高 15 米，主干胸围 3 米，枝叶茂盛，生机勃勃，每年还可产千斤白果。山庄的两座牌坊相距百米，全部是用天竺石石条经修饰而建。梁柱上雕龙画凤，门口狮子栩栩如生。牌坊高

白果山庄（2019 年）

12 米，宽 8 米，雄伟古朴，与百年白果树遥相为伴。

山庄的建筑运用青砖、白色松墙、牌坊、马头山等众多徽式建筑的元素设计建造。有曲式长廊、三进院落组合体，有水上凉亭、流水小桥，看上去别致新颖，沉稳大气。庄内楼阁傍水，水上有亭，亭内典雅，清波碧流，绿树成荫，花草满园，加上假山、古竹、荷花、石桥的勾勒，呈现出古色古香的诱人场景。

彭庆云　摄

白果山庄徽派建筑（2019 年） 高小真 摄

白果山庄除农家乐中心区外，还有五个野外休闲乐园，即观赏园、垂钓园、采摘园、体验园。观赏园已开发成生态农业园，有成片的桂花树林、白果树林、香樟树林等。

垂钓园分特种水产养殖区、小面积精养区、大面积放养区。采摘园有桃、梨、杏、石榴、枣、葡萄、草莓等。体验园均为农田，分成许多小块，游客可种粮种菜，体验农村田间生产劳作的过程，感受劳动成果的来之不易和丰收的喜悦。

2010 年，白果山庄被省旅游局评定为五星级“农家乐”。

白果山庄一角（2019 年） 马维国 摄

滁河风光带

滁河在石杨镇段长46千米，流经善厚镇石杨镇两镇北部。在石杨镇境内，上游自大陡闸始，经李墩、窦墩、李渡、官渡、金港、田渡、襄河口闸，至蔡浅附近结束。沿河有圩区、渡口，又可远眺山寺。岸边绿树成荫，圩区稻菽飘香，渡口渡船往来，寺院梵呗声声。另有滁马高速公路桥飞架河上，如长虹卧波；盘景水泥生产繁忙，车船把水泥运向四面八方。

这里正在形成一条旅游风光带。

五大圩区 滁河建圩历史较早。过去水患如虎，今为米粮大仓，盛产优质稻米，远销广东、江浙地区。

较大圩口有：

铸家圩，堤长8.75千米，保护耕地6000亩。

铸家圩（2017年） 李伦凤 摄

剪尔圩（2016 年）　祁智婷　摄

陆家圩（2016 年）　朱根莲　摄

剪尔圩，堤长 7.35 千米，保护耕地 7000 亩。

陆家圩，堤长 10.45 千米，保护耕地 8000 亩。

裕民圩，堤长 2.24 千米，保护耕地 3000 亩。

新桥圩，堤长 8.94 千米，保护耕地 450 亩。

裕民圩（2016 年）　朱滨华　摄

新桥圩（2016 年）　李伦凤　摄

渡口（2017 年） 马矩林 摄

三大古渡

滁河两岸百姓往来频繁，形成众多渡口；同时又是上通巢湖，下接长江，与各地沟通的通道，因此形成众多渡口。

李渡 位于铸陆村。此处原有福兴庵，建于明代，香客众多，香火旺盛。1974 年拓宽滁河河道时拆除。

官渡 位于滁河南岸，其北岸渡口属全椒县。相传清代某江南乡试主考出巡，自南京至采石矶（今属马鞍山市）过江，经和县到全椒。行至此处，主考大人在渡河时吟出上句“官渡接官官过渡”，船夫随即对出下句“将台拜将将登台”（将台，位于铸陆村，

官渡河（2017 年） 朱滨华 摄

相传系曹操点兵之处），一时传为佳话。“官渡接官官过渡，将台拜将将登台”刻石，立于官渡渡口。现已建桥连通全（椒）和（县）公路，渡口与刻石均已不存。

先锋渡口 位于石杨镇最北端，是先锋、星甸后圩连接全椒的重要渡口。其渡船一次性能载 100 吨车辆，给周边货物运输带来了方便。

四大新港

石杨沿滁河及支流共有四个港口。

石杨港 位于官渡河。1974 年巢湖航运局投资 2 万元建成，宽为 100 米、中水期水深 1.2 米，常年可通 50 吨以下货驳船。

金港 即金银桨滩，位于新农村金港自然村，系驷马河入口处。心理学家周先庚故居所在地。

先锋港 位于滁河下游南岸。1985 年巢湖航运局投资 12 万元建成，宽 50 米、水深 5 米，可停泊 1000 吨级船队进行装卸作业。

幸福桥港 位于驷马河南岸，原是一条不足 10 米宽的水沟。驷马山工程竣工后，拓宽至 100 米，港岸线长 77 米，水域面积 7.7 万平方米，常年水深 5 米，可停泊 1000 吨级船队进行装卸作业。

幸福桥港口（2017 年） 马维国 摄

石杨高速管理处（2018 年） 马维国 摄

游客服务中心（2019 年） 马维国 摄

旅游服务

旅游服务设施 石杨镇地处苏皖两省的全椒、滁州、南京、江浦、马鞍山、巢湖、和县、含山八县、市的中心，交通设施完善，乘坐飞机只需 30 分钟，乘坐高铁、动车只需 20 分钟，高速公路穿境而过，水路滁河连通长江，交通极为便利。

全镇每个景点都配有专线旅游大巴，景区内交通站点有明显的站牌指示。

石杨镇旅游接待处（2019 年） 马维国 摄

旅游景点有游客中心和民宿客栈，完善的配套设施，不断升级旅游服务，使游客留得住，玩得开心。景区内有五星级宾馆1处，有50多家具有田园风情的宾馆和120家酒店。空气清新，被誉为“天然氧吧”；餐饮新鲜环保，滁河河鲜应有尽有，山珍美味遍山皆是，古镇街头小吃店、面馆等可一饱口福。还有霸王酥、农家锅巴、玉带糕、百年板栗、高滕葡萄、黄桃等，既能品尝解馋，又能携带馈赠亲友。

旅游线路 石杨历史、人文、自然风貌俱佳，乡村旅游可分乡村民俗游、怀古探幽游、佛文化朝拜观光游、滁河风光带游等。具体旅游线路有三条：

如山湖风光带二日游：如山湖风光带—夹山关古驿道—花月大道风光带—胡业桃烈士陵园—八大禁古村落—万源生态农场采摘水果—钓鱼台、垂纶台、象鼻峰、陀公庵—戴重墓、霸王迷道处、孔夫山、孔夫庙等景点。

石杨镇旅游接待大厅（2019年） 马维国 摄

如山湖度假村（2019年）

马维国　摄

绰庙、高皇殿二日游：憨山寺—憨山大师故居蔡浅—插花庙—清代板栗林—明代古朴树—盛家口古村落、金城、高关、绰庙老街—迢迢谷景区—端木草堂。

绰庙三月三庙会：每逢农历三月三，来自四面八方的香客、游人和商贩人数可达到近10万人次。集市上吃、穿、玩、乐、用以及各类特色农具应有尽有，成为人们了解研究农耕时代风貌特征的好去处。

烽火记忆

石杨是南京西南面天然屏障，因古驿道独特的地理环境，成为历代兵家重视的地区。六朝君王都非常重视这里的军事防守，在这里曾经演绎了许多可歌可泣的动人篇章。

石杨，西楚霸王项羽兵败身陷阴陵山；魏晋南北朝的刘骏等皇帝经常视察这里的天然屏障；明朝皇帝朱元璋一直设想在高皇殿建立都城，长期驻扎兵营；日本侵略军占领南京尚未立住脚，就在这里修筑防御工事。山区人民坚持抗战，彰显了中华儿女不屈不挠的坚强斗志，使伪南京政权摇摇欲坠，配合全国军民赶走了日本侵略者。

古代兵事

楚汉相争　汉高祖五年（前202）冬，汉王刘邦与各路诸侯共同围攻西楚霸王项羽，楚军在垓下被重重包围。项羽率八百骑突出重围后一路向南疾驰，意欲重归江东，卷土重来。项羽渡淮河，过涂水（今滁河），只剩下一二百人了。到了阴陵山（今石杨镇绰庙境内）下时，看到两条岔路，不知道向哪边跑，正好看到一位老农在田间干活，于是向老农询问去江边的道路，老农痛恨连年战乱和项王暴虐，故意指错方向，项羽率部策马西奔，结果陷于沼泽之中。项羽又率领残兵慌忙折回原处，重向东行，而汉军大将灌婴已率汉军追及，在阴陵山下一番厮杀，一连九战，项羽着实英勇，汉兵遇着项羽，就被杀得四处溃散，故后人又称此山为“九头山”“四溃山”。阴陵山下大战，项羽又丢了百余骑。多亏坐骑乌骓马跑得快，从而突出包围，引兵向东，奔到东城（今乌江）时，只剩下二十八骑，最后寡不敌众，全军覆没，项羽自刎乌江，卒年31岁。

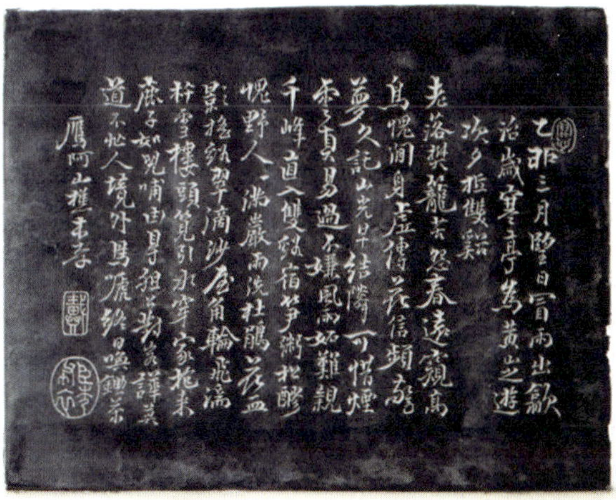

戴本孝题碑　　　　和县文物局　提供

三国战事　东汉初平二年（191），孙策继承父志，写信给周瑜。周瑜率兵在涂水（今滁河）边迎接孙策。二人协同作战，先后克横江、当利、南京江宁秣陵关。

孙权利用石杨驿道，将母亲吴太夫人送往阜陵县（今全椒县境内）。

三国魏黄初二年（221），魏派曹仁大司马督诸军据历阳，过道石杨前往建康，在石杨立点将台。建安年间，曹操也曾在杨石巷驻兵。今境内的将台山村，还存有曹操点将台、扎马营、拦马沟、饮马塘等遗迹。

据《方舆考证》载，东汉末年，孙策自历阳横江浦渡江，占有江东，建立东吴政权。《三国志·吴书·孙破虏讨逆传》载："时吴景尚在丹杨，(孙)策从兄贲又为丹杨都尉，繇至，皆迫逐之。景、贲退舍历阳。繇遣樊能、于麋东屯横江津，张英屯当利口，以距术。术自用故吏琅邪惠衢为扬州刺史，更以景为督军中郎将，与贲共将兵击英等，连年不克。策乃说术，乞助景等平定江东。术表策为折冲校尉，行殄寇将军，兵财千余，骑数十匹，宾客愿从者数百人。比至历阳，众五六千。策母先自曲阿徙于历阳，策又徙母阜陵（今安徽全椒县陈浅乡百子村），渡江转斗，所向皆破。莫敢当其锋，而军令整肃，百姓怀之。"

侯景之乱　南朝梁太清二年（548），侯景的军队袭取淮州（今滁州），直逼长江北岸，意图消灭梁武帝。当到达后河渡（明朝以后称之为官渡）时，搭浮桥，部队修整于杨石巷，在此排兵布将，屯兵驻扎多日。将台山成了当时操兵练武的点将台。

唐代兵刃　唐武后光宅元年（684），徐敬业反对武则天临朝，在扬州起兵，命其弟徐敬猷率五千精兵，由滁州进攻和州。徐敬猷遵命领兵经全椒、官渡河口，在杨石巷夹山关屯兵。

唐僖宗广明元年（880），黄巢率兵攻打滁州、和州，谋取广陵，路经夹山关，并屯兵在杨石巷一带，当地至今传言："黄巢杀人八百万。"

唐末，军阀混战。唐昭宗大顺二年（891）五月，淮南节度使孙儒率兵攻陷和州、滁州。同年六月，庐州刺史杨行密率部将李神福收复滁、和二州。在这场拉锯式的战争

元代神圣师印（三级文物）　　和县文物局　提供

中，双方两度通过夹山关、杨石巷。

宋时战火 南宋高宗建炎三年（1129）至理宗端平三年（1236），金兵及其部分残余势力先后围攻和州达十七次之多。金兀术四次亲自率兵侵犯，三屠和州城。金兵由北向南，路经滁州、全椒、杨石巷、夹山关，屯兵八禁、高皇殿。

南宋宁宗开禧二年（1206），金兵十万人马围攻和州，围城二十里，知州周虎以四千兵固守一个多月。金兵围城日久不下，渐渐疲惫松懈，周虎乘机主动出击，夹山关首战金兵，斩金兵骁将韩虎，金兵退去，解和州之围。

明初烽烟 元朝末年，朱元璋率部由滁州驻师历阳，曾屯兵在高皇殿，这里四面环山，层峦叠嶂，地理位置险要，易守难攻。朱元璋往返滁州和历阳时，意欲在此登基，建一个固若金汤的京城。此地原名高王店，为了纪念朱元璋数次考察此地，也因此而得名高皇殿。

清朝兵事 清咸丰四年（1854）七月，太平军由运漕攻打铜城闸。十月，清将按察使恩锡自官渡起兵，张光第自滁州起兵，两地兵马会师乌江石桥，与协领托云等进犯和州。但清军至驻马河遇到阻力，用火炮打沉太平军一只木船，清军刚退，太平军复占领驻马河。

清咸丰十年（1860）三月，太平天国英王陈玉成由含山、和州率太平军包围全椒。军队途经杨石巷、官渡。

革命烽火

南北军大战 北伐时期，北伐军在江、浙击退军阀孙传芳后，曾激战于石杨境内夹山关和滁河两岸。1927 年，唐生智由和州进军，侧攻津浦线，孙传芳部由江南溃败到蚌埠。同年，“直鲁联军”张宗昌旅，南下全椒，渡滁河，抢占如方山、夹山关、花山一带山峦，作为第一道防线，以山作为屏障，抵制北伐军北上。前线溃败，施用第二道防线退守滁河北岸，以河作战壕，滁河两岸船只被搜缴、焚烧，企图阻止北伐军进攻。北伐军从和县出兵，经乌江、香泉，攻夹山关，集结于滁河南岸一带，利用夜战，击溃张宗昌部。直到现在，年岁大的石杨百姓中还记得这场战争，并称之为“南北军大战”。

抗日烽火

县城沦陷 抗日战争爆发之后，由于石杨紧临南京，战略地位十分重要。1937 年 11 月 25 日拂晓，日军 3 架飞机、10 余艘汽油船，载步兵 200 多人，从金河口登岸；12 月 16 日，日军从乌江驻马河登岸；12 月 27 日，日军由采石渡江，入侵和城；1938 年 1 月 17 日，日军再从驻马河口登岸，进攻夹山关；1940 年 4 月 27 日，日军攻占和城，国民党县政府被迫迁至善厚集。1941 年秋，和县的最高学府和县中学迁至高皇殿，在艰苦的环境下恢复教学。次年 2 月，日本侵略者侵犯高皇殿、善厚集，学校被敌人烧毁，所有校产册籍付之一炬。

日军侵占和县以后，以县城为总根据地，东以金河口、新河口为支点，以维护长江运输；南以姥桥镇、白渡桥、裕溪口三处为据点，以后港桥、黄山寺、沈家巷、五显集等处为支点，以维护淮南铁路与和芜公路；西边以西埠为据点，以祁门站、张公桥、范家油坊、孙元堡等处为支点，以维护和含巢公路，从而与含山日军取得联系；北面以香泉、乌江两处为据点，以卜家集、张家集、高皇殿、绰庙集等处为支点，以维护和浦、和全两公路，与江浦日军相与呼应。

后方抗战 国民党县政府迁至善厚集后，以石杨高皇殿、夹山关、八禁、杨石巷等地为后方，组织抗日活动。1940 年 7 月，“将县两个自卫中队重行编整，一面彻底淘汰素质不良之官兵，一面在高皇殿、善厚集两乡征调适龄壮丁一百五十名补充”，成立了县自卫队。还在善厚集、高皇殿两乡成立了联防队，“其目的在维持善厚集、高皇殿两乡之冬防治安。计编成两个中队，计壮丁一百六十七名”。在敌占区还成立了情报所，“划分四个情报区域：以绰庙集、高皇殿为第一分所；以乌江、香泉为第二分所；以县城、西埠为第三分所；以白渡桥、裕溪为第四分所。以区乡秘密联络通讯站为情报点，联系沟通消息。善厚集、高皇殿两乡十五保保甲长均兼任情报员。遇到紧急情况，一面鸣锣，一面飞报”。组织了担架队。“为预备战事，救护伤兵，由善厚集、高皇殿两乡组织担架队，以一乡为一大队，一保为一小队。每一小队有担架十副，人员二十名。”由于国民党正规军溃退时，仓皇中丢下了部分枪支弹药在高皇殿一带百姓手中，于是县政府在高皇殿一带搜集民间武器来补充自卫队枪支。

为补充兵源，保证战事和治安需要，在善厚集、高皇殿两乡还进行壮丁普查。据档案记载，当时“高皇殿乡甲级壮丁 436 名，乙级壮丁 1059 名”。

由于善厚集、高皇殿两乡地处山区，西部又有滁河天险，易守难攻，加之成立了自卫武装，因而此处在战时较敌占区相对安宁，也成了一些敌占区国民党官员的避难所。

敌后根据地　抗战期间，石杨、全椒、江浦与南京隔江相望，是日军、国民党、共产党斗争激烈的三角地区，又是新四军七师、二师与军部的交通线，地理位置非常重要。所以抗战爆发之后，共产党领导的武装对这一地区的战略位置高度重视，在巩固和县南乡根据地的同时，加强了对石杨一带的渗透。

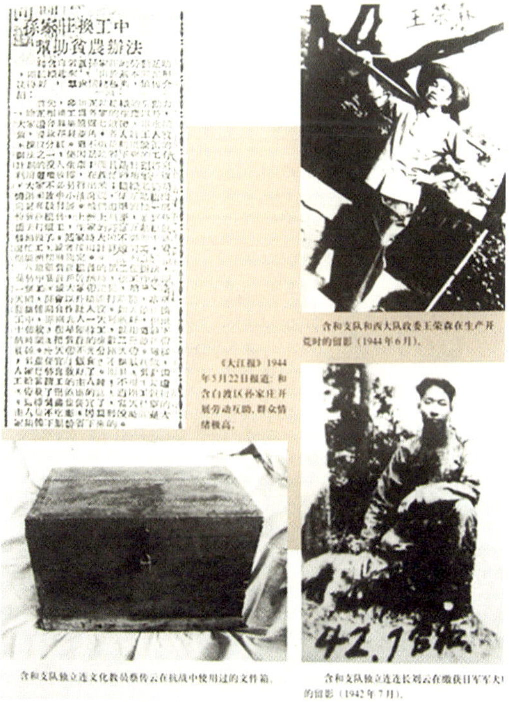

记录和含支队的文字、图片资料

和县档案馆　提供

1939 年 4 月，中共苏皖省委为开辟和（县）含（山）全（椒）地区党的工作，决定成立中共和（县）含（山）全（椒）县委。由时生担任县委书记兼省三十工作团团长，樊西曼任县委组织部部长，肖习琛任副团长。县委对外以省三十工作团名义开展抗日活动。开始主要在巢县尉子桥、汪家桥、柘皋一带，后转移到全椒古河、石杨、绰庙集，以此为立足点开展抗日宣传工作。

当时，善厚集及其周围地区是党的工作的空白点。不久，县委决定东迁善厚集，在金城庙、绰庙集、杨石巷、鸡笼山、仙踪一带山区进行抗日活动，秘密进行党的组织建设工作。省三十工作团到善厚集后，把团员分成 4 个组，分别在善厚集、杨石巷、金城庙、绰庙集等地开展工作，先后成立了农抗、青抗、妇抗、儿童团等群众组织。

1939 年 10 月，中共和（县）含（山）全（椒）县委撤销，苏皖省委决定重新组建善厚集区委。区委建立后广泛发动群众，秘密发展党员，争取大刀会的武装支持，巩固和发展农抗会、妇抗会和儿童团组织，建立了善厚集、杨石巷、夹山关、八禁、香泉 5 个党支部，发展党员近 40 名。

1940 年 1 月，新四军七师奉命改编，后相继成立沿江、皖南、和含、巢湖四个支队。和含支队于 1943 年成立，以原含和独立团为骨干，与五十五团一部分人员组成。和含支队主要任务是发动群众，发展武装力量，建立巩固敌后根据地，确保新四军二师、七师与军部联络交通线路通畅。

1940 年 4 月，根据中原局指示，皖东军政委员会决定成立中共江和全工委，重新开辟和江地区，打开和江地区抗日新局面。江和全工委通过做当地“刀会”的统战工作，积极开展对日斗争。还成立了自己的抗日武装，其中就有“八大禁游击队”。江和全工委通过派人秘密勘察路线、建立联络站、扫除障碍、武装护送、秘密通行等办法，建立起“二、七师交通线”，使得新四军二、七师的物资、文件、人员可从这条交通线上安全通行。

含和独立团部分指挥员合影（左起：赵鹏程、徐志明、杨杰英、顾鸿、马长炎）　和县档案馆　提供

和含支队独立大队二十四勇士合影　和县档案馆　提供

和含支队下辖一个独立大队、三个地方大队、一个特务连、一个教导队。在石杨、全椒一带活动的是江全大队。江全大队活动地区包括和城、西埠、香泉、高皇殿、八大禁、绰庙集以及江浦的桥林、星甸庙、石桥、石村庙等。

七师文工团年仅 13 岁的王捷（左一）

和县档案馆　提供

八大禁、高皇殿、绰庙集一带是刀会活动最盛的地区。因为南京失守后，国民党在这里丢下很多武器，有的为群众收藏，有的被土匪、刀会等掌握。他们不仅有大刀，而且有长短枪和手榴弹，斗争形势非常复杂。因此，江全大队在进入这一地区时采取了三步走的战略。第一步，派出地方的党员，在石灰张、八大禁、绰庙集一带，利用社会关系，以各种社会职业作掩护，深入了解情况，发展秘密组织。这些党员是本地人，而且手艺好，做起生意，价廉物美，态度和蔼，群众很愿意同他们打交道，通过这些同志的活动，逐步弄清日伪和刀会的情况。第二步，团结刀会共同抗日。江全大队派出了一个 20 多人侦察队，由地方同志带路，乔装进入敌后，侦察敌情、地形和道路。侦察队到达八大禁时，把刀会的坛主王世喜抓了起来。经了解，王世喜抗击过日军，他的叔叔被日军杀害，他的刀会和伪军也有矛盾，刀会提出了“防匪保家”的口号。因此，新四军对王世喜采取了教育、争取、团结的政策，向其提出“抗日救国、灭匪保民”的口号，要求他不妨碍共产党部队的行动，共同抗日，灭匪保民。王世喜接受了新四军的要求，保证向刀会群众进行宣传解释，不妨碍新四军行动，并在需要时给他们送情报、作向导。随后他还成立了一支游击队，协助江全大队攻打日军。第三步是派部队进驻。部队先到大小李村、李家凹一带山区落脚。接着，部队推进到石灰张、八大禁一带，部队纪律严明，自己带油、盐、菜、米，不仅向百姓按价购买柴薪，而且对贫困的群众还进行救济，帮助他们生产劳动，宣传抗日主张，群众都说：“从来没有见过这样好的军队。”随后，在基本群众中发展党员，建立了党组织，摧毁了杨石巷的伪乡政权，在八大禁建立了抗日民主政权和税收机关，成立了中共江全县委，控制了官渡河口，很快就与二师打通了联系，石杨这一带成了共产党抗日的敌后根据地。

夜袭夹山关 夹山关是石杨境内如方山麓下一个险要关隘，是古代和州至滁州、全椒官道的咽喉所在，必经此关方可到滁河官渡。夹山关两山对峙，中间夹着一个峡谷。关隘四周，山峦重叠，沟壑纵横。腹地宽大，怪石嶙峋，自古以来为兵家必争之地。它雄伟险峻、易守难攻，有“一夫当关，万夫莫开”之势。如今山腰间还留有昔日土壕、石堡之遗迹。

1937 年 11 月 25 日拂晓，日军三架飞机，十余艘汽油船，载步兵 200 余人，从金河口登岸，国民党县政府县长王殿之率自卫队同日军在和城东交战，相持十多个小时，自卫队不敌日军，由和城小西门向孙堡方向转移。后县政府委任赵永智为和县县长，筹集军饷扩充队伍，组织人民自卫军，赵永智兼任司令。以柏承君为特务大队长，陈桂清为第一大队长，钱镇东为第二大队长，范培珉为第三大队长，黄千木为第四大队长。12 月 16 日，日军又从乌江驻马河登岸，自卫军第三大队范培珉率部阻击，人民自卫军由于弹尽力竭，被迫向北部山区撤退，日军攻占县城。

当日军渡江袭击和县县城时，驻扎在全椒的日军同时行动，派出数百步、骑兵，企图从官渡过河侵入杨石巷，再与从驻马河入境的日军会合，试图打通全椒至和县这条古官道。

县自卫队钱镇东、黄千木两大队获悉敌情后，立即率部在滁河边埋伏阻击敌军。趁敌人渡滁河上岸立足未稳之际，自卫军攻其不备，奋勇斩杀，敌军大败。自卫军打死敌军数十人，活捉一人，带至高皇殿。缴获一面敌旗、十余支步枪，外加防毒面具及日军的照片、护心佛等战利品。钱镇东大队在滁河边获胜后，为防止敌人再来侵犯杨石巷，于是将部队驻扎在夹山关，控制了制高点。

翌日凌晨，驻扎在和县城的日军为呼应全椒来敌，率领步、骑兵，并出动坦克，经西埠、香泉直攻杨石巷。当日军进到夹山关时，适逢大雪纷飞，山野已是白茫茫一片，日军数十辆坦克陷于深山之中。钱镇东率自卫军趁日军夜间在小张村围火烘衣之际，偷袭日营，经过两个小时激战，击毙日军数十人，缴获大量马匹和枪支弹药，烧毁两部汽车，并将战利品送往安徽省政府，受到省政府嘉奖。

激战石灰张 1942 年冬，新四军七师筹集一批军用物资运送到新四军军部。七师派出龚杰、李元、李胜明、李胜祥和谢长华等营团级干部，率领两个连的战士，负责护送这支由二百多名民工组成的运输队。同时，还命令含和独立团团长马长炎率领三、五、七连协助护送。运输队民工挑着银圆、白布、油布和雨衣等军用物资从无为出发，经运漕过淮南铁路，向和县北部山区进发。

由于这批民工目标大，经过淮南铁路铜城闸日伪封锁线时被敌人发现。敌人很快从南京、芜湖、乌江一线敌据点调集四五百兵力，在香泉集结，企图在高皇殿、石杨、官渡等地拦截，一举围歼运输队和护送部队，并抢夺这批军用物资。这支运送物资的队伍赶到八大禁花山脚下的石灰张村时，天已近拂晓。运输队伍吃过饭刚住下，大批日军已到石灰张村外。马长炎率领独立团和日军都同时乘蒙蒙夜色抢占制高点。当新四军先到达制高点时，被敌人发现，战斗打响。日军对独立团控制的制高点进行炮击，接着就用轻重机枪进行扫射。团长马长炎命令三连坚守正面阵地，五、七连从侧翼夹击敌人。天亮后，正好是大雾弥漫，能见度不到五十米，敌我双方都看不清，新四军乘机从制高点向敌军连续不断地投掷手榴弹，日军死伤多人。

战斗进行到上午 9 时许，敌我双方处于对峙状态。大雾消散后，敌人在轻重机枪和炮火掩护下，不断向独立团的阵地发起冲击，均被独立团英勇顽强地打退。残酷的战斗从清晨一直打到傍晚，终将日军击溃，击毙日军三十余人。独立团也付出了重大的代价，三连连长彭司宝、五连连长王志树等十多位同志壮烈牺牲。但这一仗狠狠地打击了日军猖狂气焰，大振了新四军的军威，胜利完成了护送物资的任务。

攻打绰庙集　绰庙集是控制和县至江浦，以至南京通道的战略要地，因此，日军入侵石杨后，在绰庙集设置了据点，派重兵把守，与江浦日军相呼应。绰庙集、江浦的日伪军经常到杨石巷、八禁、高皇殿等地骚扰抢掠。1943 年春，和含支队的江全大队在张

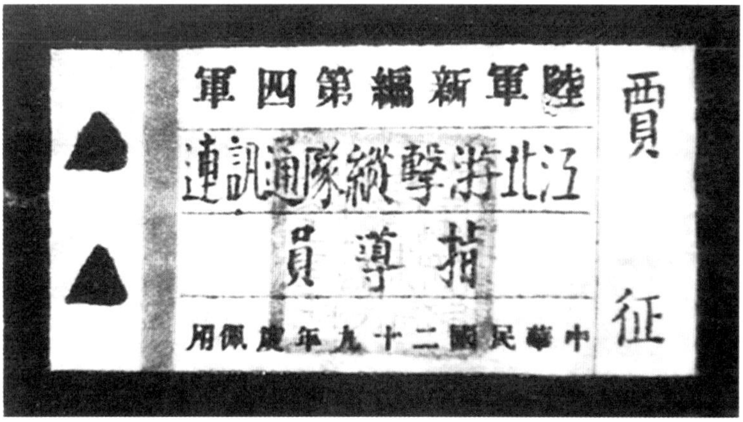

江北游击纵队通讯连指导员佩戴的胸章　　和县档案馆　提供

家集、香泉、八禁、绰庙集，以及江浦西、石桥、石村庙等地建立了一个游击地区。为了给新四军第七师和在定远藕塘的第二师打开一条交通线路，江全大队决定打掉绰庙集日军据点，拔掉这颗钉子。

1943 年 6 月，江全大队派出三个中队的兵力，准备攻打绰庙集日军据点。同时，为壮大力量，增强气势，不让日军有喘息的机会，确保战斗胜利，决定联合江浦、和县各刀会会员一同战斗。战斗打响后，江全大队新四军战士在前面冲锋，刀会会员在后面鸣锣、击鼓、摇旗呐喊、吹号助威。巨大的攻击阵势吓得敌军退到山顶的堡垒不敢出来。但敌人防守火力太猛，我军难以攻上山顶。后来想出制作“土坦克”的办法。从周边村里调集数张八仙桌和一些棉被，几个刀会的会员用浸水的棉被蒙在八仙桌上作为盾牌，抵挡敌人的子弹，战士们则在“土坦克”的掩护下，向山顶冲锋。这一招打得敌人措手不及，只得丢弃据点，从后山向江浦方向逃窜。通过浴血奋战，新四军终于将占据绰庙集的日伪军全部赶走。

赶走了日伪军，许多年轻的刀会会员纷纷参加了新四军抗日，香北区党委、政府在驷马山村召开新兵入伍欢送大会，场面隆重又热烈。

激战石村庙　1943 年春，由于新四军七师和含支队江全大队建立的游击区对江和全地区的日伪据点构成了极大威胁，因此，周边日伪军经常窜到游击区内进行扫荡清乡。

1944 年 2 月中旬，驻扎在江浦桥林和和县乌江的日伪军到石杨的八大禁进行扫荡抢掠，新四军得到情报：“日军只有 9 人，伪军 20 人。”估计近期敌军还会对游击区和周边进行骚扰，于是新四军江全大队秘密进到石村庙周边村庄隐蔽驻扎。

新四军七师宣传画　　和县档案馆　提供

在八大禁村民家中发现的新四军发行的钱币

和县档案馆　提供

1944年2月17日清晨，石村庙商户开门营业没一会儿，突然街道上人声嘈杂、一片慌乱，原来一股日伪军已窜至小镇。茶馆被砸了，包子油条抛得满地都是。烟酒杂货店被抢劫一空。冲门声、打骂声、枪声，把这原本宁静的街道搅翻了天。

消息很快传到新四军这边，得知来犯敌人是驻扎在乌江的日伪清乡队，香北区区长杨铭及江全大队各中队长吴瑞生、陈高顺、易非组成临时指挥部，及时研究部署。大家认为，敌人“劳师远袭，孤军深入”，犯了兵家大忌，决定打一场围歼战。组织一中队正面攻击敌军，二中队迅速赶至小乔村、大蓝村埋伏守候，独立中队从龙王山运动到青山阻击，堵住敌人向乌江逃跑的归路。

这群敌人在石村庙街道上打砸、抢掠了两三个小时，把抢来的东西抓民夫来挑，用毛驴来驮。沿着往石桥方向的大路大约走了1000米，来到王塘埂处。突然，前方的驷马村枪声响了，日军一看情势不对，掉转头再向石村庙方向逃窜，占据了石村庙背后的秦山，企图负隅顽抗。

为了壮大声势，香北区干部发动四边村庄的大刀会会员，鸣锣、击鼓、摇旗吹号，呐喊助威，由坝头张村向石村庙进攻。一中队战士打前阵，他们作战勇猛，火力密集，敌人抵挡不住，只好

新四军七师宣传画　　和县档案馆　提供

新四军第七师对敌伪作战统计表（一）

项别	数目 年度	1941年	1942年	1943年	1944年	1943年6月至1945年5月
战斗次数	袭击		96	159		
	被袭		13	7		
	伏击		13	1		
	遭遇		6	7		
	破坏		6	15		
	合计	255	134	189	124	276
缴获枪械	长短枪	309	420	201	505	802
	轻机枪	4				10
	重机枪	3				
	掷弹筒		8	3	4	
	迫击炮			18	1	1
	冲锋枪		5	1		2
缴获弹药	长短枪弹	5889	19520	3997	248	11397
	机枪弹		138		100	
	手榴弹		114	39	149	337
	炮弹		11	10	11	
缴获其他	刺刀		7	33	76	16
	大刀		4	55	12	19
	电台	7				
	战马		23	1	1	2
	电话机		2		7	
	文件			448		
	望远镜				4	
	照相机					1

注：此表为不完全统计

新四军七师对敌伪作战统计表　　和县档案馆　提供

沿来路方向溃退，走了不到500米，就遇到在小乔村、大蓝村埋伏的二中队阻击。敌人腹背受击，进退无路，只得由曲家垄退到乔家岗。

我军从四面八方围拢过来，缩小包围圈。日军龟缩在窝子田里，凭着四面高埂架起机枪进行顽抗。我军以密集的手榴弹、迫击炮向窝子田进行轰击，最后取得了战斗的胜利。

这次石村庙伏击，共击毙日军8名，俘虏伪军19名；缴获机枪1挺，掷弹筒1个，三八式长枪4支，套筒枪20多支。

保卫根据地

1943年以后，新四军和含支队独立团、江全大队在江和全地区全面出击，拔除了绰庙集、金城庙、高皇殿以及江浦石村庙、石桥等十多处敌伪据点，给予日伪军以沉重打击，和含地区抗日民主根据地出现了崭新的局面。但国民党军队早就觊觎滁河

皖江抗日根据地地方武装及民兵自卫队统计表

年度＼数目＼项别	地方武装			民兵自卫队（人数）	备注
	人员	枪械			
		长短枪	机枪		
1941年底	2202	1170		22079	1941年11月军部上报的
1942年底	3317			35630	民兵自卫队数字为无为12个区的统计数字
1943年底	3323	1803		57441	民兵自卫队缺含和分区的数字
1944年底	2268	966	3	135087	地方武装数字为《吕惠生日记》所载
1945年底	7359	1777	3	158794	
说明	1.地方武装包括游击队、区警卫队等地方性脱产武装。 2.民兵自卫队指青年队、模范队、自卫队等半脱产或不脱产的群众性武装。				

皖江抗日根据地地方武装及民兵自卫队统计表　和县档案馆　提供

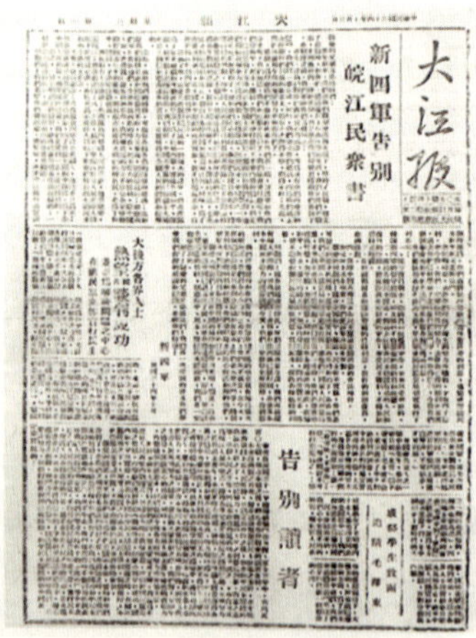
大江报
新四軍告别皖江民衆書
告别讀者

《大江报》新闻　马维国　摄

边这块地盘。于是，在新四军驱赶走日伪军后，驻扎在全椒县古河镇的国民党桂系一七一师李本一部队和驻古河外围的安徽省保安团柏承君部队，对新四军二师与七师实施分割，封锁交通，经常对新四军和含地区侵犯、“摩擦”。1944 年春，国民党一七一师、第十游击纵队及皖保八团共七个团兵力，进攻和含抗日根据地，占领张家集、周家集、绰庙集等地。4 月 26 日，和含支队在三师独立旅配合下，击溃国民党顽军 1000 多人，收复善厚集以东原江和全地区失地。

1944 年冬至 1945 年春国共两军摩擦规模越来越大。国民党调动大批部队，抢夺新四军胜利果实。几经争夺，新四军从日军手中解放出来的张家集、周家集、石村庙、绰庙集、石桥等地及江全根据地几乎全被国民党军队抢占。新四军七师将士忍无可忍，奋起还击，于 1945 年 3 月挥师北上。代师长谭希林、参谋长孙仲德亲自带两个团来到江全地区，在石杨八大禁同国民党军一七一师展开血战。最后打退了国民党军队，滁河边的这块土地又回到了人民手中。

掩护北撤 1945 年 9 月，根据国共重庆谈判精神，新四军七师从皖江根据地撤退，北上与二师会合。

国民党意图把这支北撤的新四军消灭在和含、江全通往二师的走廊上，制造第二个“皖南事变”。国民党第七军副军长漆道徵率一七一师、一三八师、国民党十纵队二支队及保安五、六、七团等共计两万余人，在七师与二师之间及巢湖周围，抢占新四军根据地，并大修碉堡，重重设防，不断向南京、芜湖方向伸展。针对这种形势，师部决定由和含支队在江和全地区牵制敌军，制造七师从此通道北撤的假象，从而掩护大部队渡巢湖进行战略转移。

支队长马长炎组织了四支突击队。吴瑞生率领一支部队打回江全；时生和王荣森各率领一支部队沿乌江向江浦进攻；何国斌率领一支部队迂回含巢；夏长胜带领一支部队穿插在南义、娘娘庙之间。马长炎率主力部队则埋伏在裕溪河附近，视情而动。四支突击队进入国民党军队控制区域后，大张旗鼓刷标语、散传单、扒铁路、断公路，炸沉敌人运输船，攻打敌据点，烧毁敌人仓库，召开群众大会，广泛宣传北撤的重大意义。同时，营长姚正嘉带两个连，夜奔 25 千米，出其不意地赶到含山重镇清溪，以迅雷不及掩耳之势，一举攻克清溪敌碉堡，歼敌 200 余人。

和含支队这一系列军事行动，使国民党第七军副军长漆道徵认为，马长炎的和含支队是在为七师撤退开辟通路，新四军七师肯定是要从和含全通道北撤了。他命令一七一

新四军第七师指战员帮助驻地群众开荒生产　和县党史办　提供

师两个团、二支队和保安团全部，共5000余人，向淮南铁路沿线急进。马长炎得知消息后，立即派出部分主力部队，由裕溪河向北直插香泉、石灰张一带，牵着敌人向北走。漆道徵派一个团对其紧追不舍，另部署一三八师的两个团及保安团部队共4000余人，在滁河一带设防，意在切断新四军北上去路。为牵住这股敌人，和含支队在香泉、石灰张一带，大量筹集渡河器材，准备粮食，并不断派小股部队和游击队袭击敌人。就在和含支队大造北撤的假象，漆道徵把大部分精锐部队全摆在和含、江全一线时，七师党委抓住战机，出其不意，组织了大批民船，在人民群众大力支持下，数万人马很快抢渡过浩瀚的巢湖，安全北上。敌人围剿的企图变成了泡影。

风土民情

石杨，风光秀丽，物产丰饶，民风淳朴。一代又一代石杨儿女，胼手胝足，在这块土地上繁衍生息，以其勤劳、睿智、勇敢的品格，孕育了独特的习俗和风情。走进石杨，可以领略琳琅满目的原生态食品和特产，品味八珍玉食的美食，聆听天籁之声。

岁时节令

石杨传统的节日风俗和仪式，内容涵盖了人们日常生活的方方面面，既有传承至今的如清明节、端午节、中秋节等节日，也有一些失传的节日，如二月二、七月半等，加之外地移民较多，又兼容了周边多地区的民俗。

立春 旧时，在过年前，家家要贴春联，焚香、点烛、鸣炮敬天地神，俗称“迎春接福”。如今，立春时，不论在春节前或春节后，家家都清晨鸣鞭炮迎春。

春节 农历腊月二十三掸尘，新春扫尘有“除陈布新”之义，即把一切穷运、晦气统统扫出门。

腊月二十四，送灶。俗称“过小年”。

腊月三十（遇闰月为腊月二十九）称“除夕”，外出之人回家团聚。

除夕团圆饭后，家主人“守岁”到天亮，迎新年。除夕守岁由来已久，如明朝戴重《辛巳除夕示子移孝》：“今夕岁除不忍睡，家虽流离心独存。窗鸣缸冷雪花落，坐待明发窥中原。”《河村诗集》卷一《乙卯迢迢谷与诸儿守岁》：“谁能复驻岁，老竟不由吾。今夕共无寐，此间何太孤。”

贴春联（2018 年） 和县文化馆 提供

发压岁钱（2018 年） 和县文化馆 提供

石杨元宵节（2018 年） 和县文化馆 提供

元宵节 农历正月十五为元宵节。早、晚餐放鞭炮。凌晨，善男信女到寺庙敬香，有的赶往鸡笼山去敬香。抬菩萨打桩（绰庙），祭神，判断年成；舞龙灯，玩狮子（绰庙），搭戏台唱大戏。舞龙灯、玩狮子时，辖区内逐家放鞭炮，送糖、烟。晚上出门“送灯”，又称“送花灯”等。

二月二 农历二月二，俗称龙抬头。旧时是给男孩子剪辫子的习俗，俗称剃鸭骚，舅舅给外甥送来礼物祝贺（现在这些习俗不见）。农历二月十四，接大花老太。

三月三庙会 自虞姬娘娘庙修筑以来，每逢此日，四邻八乡的香客来此进香祭奠虞姬。清末民初，农事伊始，石杨本地及周边地区甚至百里之外的善男信女、手工业者会

三月三庙会（2018 年） 朱滨华 摄

在此日齐聚绰庙，有的登插花山娘娘庙进香、祈福、求财、讨子，有的利用山区的竹木资源，自制农具、竹器赶街。乡（镇）里还经常邀约班社搭台演戏，唱曲艺、玩杂耍，招来四方商贾、游人等几万人次，云集乡里。现在每逢此日，工厂停工，学校放假，村民们丢下田里的农活，梳洗打扮一新，上街赶庙会。此时人来人往、摩肩接踵、川流不息。大姑娘、小媳妇，一个个花枝招展、面若桃花，老少爷们个个精神倍增、容光焕发，小孩子更是嬉笑玩耍、得意扬扬。方圆百里的商家，几天前就运来货物，摆摊销

“三月三”送戏下乡（2019 年） 和县文化馆 提供

售，以农资产品和日用百货居多。节日前几天，城管人员就用白粉将街道划分出了一个个摊位。街面常常不够用，摊位一直延伸到临街的村庄里。包子、大饼、油条、烧烤、面条等小吃排档随处可见，吃、穿、玩、乐、用以及各类特色农具应有尽有。这里还有集吃、住、休闲于一体的农家乐——白果山庄。两省三县边区的体育健儿，经常在绰庙举行篮球赛；县里的农民业余剧团，轮番登台演戏；电影放映队赶去放映电影等，人们的赶集内容丰富多彩。纯粹的祭祀活动早已演变为与农业生产有关的庙会商贸活动。

清明节 清明节上祖坟、堆坟帽、插柳条、飘白纸、烧纸钱，以祭祖先，俗称祭祖扫墓。

到茔地祭扫即扫墓，打扫墓地，给坟加土，用铁锹挖出一个碗状的土块，在坟头加上两个帽子（现在多数人家，用砖、水泥砌成墓，更有不少人家修建安息堂）。“烧包袱”或烧纸钱（以前用草纸折叠成方块形，然后在纸上钉五个眼子或三个眼子，表示钱数。现在用印刷的冥票，面额有千元、万元、亿元不等）。有的用黄色金箔或白色金箔纸，叠成元宝状，烧给祖先。烧化之后，点上香火，磕头，最后放爆竹告别。现在借扫墓之际，联系家族亲人相聚，携带鲜花、花篮去祭奠先人并植树、栽插柳条，又作踏青，怀念亲人，寄托哀思。机关干部、学校师生到革命烈士墓进行扫墓。

立夏 这天，农家有饮酒，食腊味、咸蛋、米粉肉，吃糯米糖、烹狗肉、炖鸡、吃补品的习惯，俗称“补夏”。

赶集（2019年）

张峰　摄

端午节粽子（2019 年） 高小真 摄

端午节 农历五月初五为端午节，又叫“端午”。这天，家家挂钟馗符像，插上菖蒲、艾草。早上吃粽子（如今的粽子多种多样，璀璨纷呈，一般有桂圆粽、肉粽、火腿粽、咸蛋粽等）、绿豆糕，中餐杀鸡、买肉，菜肴为五红（红烧肉、黄鳝、苋菜、虾子、咸鸭蛋）、四绿（黄瓜、青大椒、蒲芹、四季豆），喝雄黄酒，闭门“躲午”。

“躲午”，一般会贴午叶符，悬挂菖蒲、插艾草、游百病，佩香囊、备牲醴，给小孩涂雄黄，饮雄黄酒、菖蒲酒，吃五毒饼、咸蛋、粽子和时令鲜果等。俗语有“饮了雄黄酒，病魔都远走”之说。此日，许多当地人清晨上山采摘山楂枝叶，回家烤焙晒干当茶叶用，有消炎、清火、提神等功效。

六月六 农历六月初六，俗叫“晒霉”。家家晒藏书、家谱（宗族聚会设宴），晒或晾布料、毛毯、棉被、衣服等，防虫蛀、霉变。食腊肉，蒸面饼，制酱，取井水浸西瓜而食等。

七月半 农历七月十五日，又称“鬼节”。放焰口、放灯、施食、烧纸钱，将纸钱、“金银锭”装于大纸包内，纸包写明某祖受用、某寄字样，并祭以鸭血，入夜整包焚烧，俗称“烧包”。

中秋节 农历八月十五，中秋节又称八月节。民俗多以月饼相赠。

女儿回家拜节，杀鸭、赠月饼、设宴。夜晚，赏月、祭月。待月亮升起，在露天设案，将月饼、菱角、石榴、枣等食物供于桌案上，放鞭炮，“上月”。拜月后，全家人围桌而坐，边吃边谈，共赏明月。孩子们摸青（偷瓜果），妇女们踏月。

重阳节 农历九月初九，又称“重九”。登高、饮茱萸菊花酒，吃油炸芋包、薯包等。政府机关和学校则常举行退休人员茶话会、座谈会等活动。

冬至 冬至，上祖坟、烧纸钱、培土垒坟，俗称“挑坟”。凡是用泥土垒起来的棺材，可以将灵柩埋葬入土。需要迁坟地的也在这一天。贫穷人家死人未“做七”，会利用冬至去“烧灵”（烧纸扎的房屋）。

冬至这一天开始数九。数九又称“冬九九”。即从冬至起，每九天算一个“九”，一直数到“九九”八十一天，“九尽桃花开”，天气转暖。

冬至养生。从冬至开始，有些人家逢九杀老母鸡炖煮，以补身体。

民风民俗

人们的生活、起居、行为、习惯、习性随时代的进步，也在不断改变与更新，改变旧习俗，弘扬新风尚。

生活习俗

服饰 中华人民共和国成立初，以“自给自足”的小农经济为主。农民穿家织土布，集镇居民穿“洋布”。夏天，农村男子用单纱大围巾围腰作衣用；春秋季节，穿大袖子长衫和大裤腰长裤，腰系布裤带；冬季，富人穿皮袄、长袍，贫民穿棉袄、套裤。20 世纪 60 年代开始穿机织棉布服装，如龙头细布、卡其布、灯芯绒等。除旧式服装外还有学生装、中山装、列宁装、棉大氅、二五大衣等；80 年代流行皮夹克、春秋衫、军干服、香槟衫等；改革开放之后，出现美观大方的毛皮品、纺织品和化纤产品，有西服、连衣裙、喇叭裤、牛仔裤、呢大衣、羽绒服、滑雪衫、夹克衫等。如今已经和周边城市穿着没有什么差异，款式也随大流。

装饰 中华人民共和国成立初，妇女梳“粑粑头”，套上网子，插上包头针、银耳挖子、簪子等，并用红头绳扎头发，以示艳丽和吉利。守孝妇女用白头绳扎头发，以寄托哀思。姑娘（未婚）头梳“便当鬏”（形似草葛纠），并插一根珠子针。农村妇女很少戴银耳丝（耳环）、银戒指；集镇上较富裕的妇女戴金耳丝（耳环）、金戒指和玉镯，不论城乡，妇女均戴耳坠子。中华人民共和国成立后，独生子女戴银手镯和银脚镯。

发型 中华人民共和国成立初，姑娘开始梳长辫子，集镇妇女剪辫子。“文化大革命”后，妇女剪“露耳短发”；70 年代，剪“运动头”；80 年代流行烫发，发型有运动式、刘海式、菊花式、波浪式、披肩式、儿童式等。现在紧跟潮流，发型多样。

鞋帽 中华人民共和国成立初，农民冬季雨雪天穿木屐板、水钉鞋。平时穷人穿草窝子，大多数人穿圆口布单鞋和四片瓦棉鞋，夏季穿草鞋，青年人穿绣上花的布草鞋、绣花布拖鞋。集镇居民雨天穿元宝口胶鞋，夏天穿皮拖鞋，幼儿穿绣花布鞋。六七十年代，冬季雨雪天穿元宝口胶鞋、深筒胶靴，晴天穿布、皮棉鞋；春秋季穿布单鞋、力士鞋、解放鞋、松紧口布鞋、布面塑料底鞋、皮鞋；夏天穿塑料凉鞋、塑料拖鞋、皮凉鞋。80 年代，女青年穿高跟皮鞋、长筒皮靴。如今和大城市几乎没有区别。

中华人民共和国成立初，男性老年人在冬季戴黑纱“马虎”帽，俗称“狗套头”帽。春秋季中青年戴瓦灰色、酱色毡帽，俗称“礼帽”。夏天一般戴粗制草帽，俗称“十八转”，富裕人戴精制的细草黄帽，俗称“草礼帽”。女性老年人冬季戴两片瓦式的“帽勒子”或“丝包头”，春秋季扎包头手巾，俗称“三个围巾”，夏天扎彩色毛巾。童帽有老虎帽、兔头帽、披风帽。帽顶绣花，帽檐镶嵌银菩萨或“长命富贵”等图案。

饮食 以大米、小麦、山芋为主，兼食杂粮。饮食多为一日三餐，农村早、晚吃粥，中午吃米饭。冬闲时期，一日两餐（连中带早及晚餐），农忙季节，一日四餐（午后增餐叫“吃茶”），早晚吃腌小菜，中午吃蔬菜。富裕户中午蒸点咸肉或咸鱼。集镇居民早上吃烫饭或炒饭（部分老年人以茶点、干子、油条、包子、大馍等代替早餐），中午吃干饭，晚上吃炒饭。每逢节日，家家都有鱼、肉、鸡等。随着生活水平的提高，食物构成也发生变化，讲究吃豆制品，喝牛奶、豆浆及其他营养丰富的食品。如今农村和集镇的饮食结构依然有差异，主要是荤素结构颠倒，农村多鱼肉荤腥，而集镇更注重营养和健康。

居住 圩区易涝，旧时，用土墙、毛竹搭架，稻草盖顶，建成简易屋。山区，就地取材，石块垒墙，杂树搭架，荒草铺盖成简易屋。丘陵地区和集镇，里生外熟，即里面土基外砖墙、麦秸或荒草盖成草屋。有钱户盖瓦房即青砖小瓦，四大金柱，木板椽子，石望砖。农家居住集中，少者为庄，多者为村。村庄以姓氏命名，也有以地形、人物为名。建房时，忌讳大门面对烟囱，否则，即在大门上方悬挂一面小圆镜，表示将晦气返照回去。建房前请“测地先生”勘测门向、“看风水”等，择吉日动土。二十世纪六七十年代，拆旧宅、建新房，一般为砖木结构的瓦房。富裕户建两层木楼。改革开放后，住房讲究宽敞，盖钢筋混凝土楼房，两上两下或三下两上，许多农家去集镇买地建房做生意。外出经商者，在大城市买房。如今石杨镇的小区建设如火如荼，一种崭新的居住方式呈现在人们眼前。

出行 中华人民共和国成立前，山区交通不发达，人们出行一般是步行，靠肩挑或独轮车运输。圩区人们乘坐民船。乡绅和财主出门时坐轿、骑驴等。中华人民共和国成立后，人们出门坐马车，运货用板车。三轮车和拖拉机成为主要的交通运输工具。随着公路的拓宽建设，自行车、三轮车、机动车、摩托车数量急剧上升，货车、面包车也逐年增加。如今石杨交通十分便捷，乘车到和县由原来的近两个小时缩短为半个小时。随着“村村通”工程的实施，率先实行村村通公交车，极大地方便了乡民们上街下集，方便了孩子们上下学。宽敞的水泥路通往各个自然村，小轿车进入农家并很快得到普及，高速路已通往家门口。

待客习俗 给客人倒茶要七分满，盛饭每碗要八分满，但喝酒就一定要让客人喝足。给客人倒茶、倒酒的茶壶嘴不要对着客人（壶嘴对着谁，表示骂人）。陪人吃饭时，嘴巴不能吧唧吧唧响（表示对人不礼貌）；要双手扶碗，保持两只手都在桌子上；吃饭时，不要老讲话；不能把腿翘到超过饭桌；不要狼吞虎咽，要守着自己这边吃，在夹菜时要夹离自己近的，不要夹到离别人近的那边。吃菜时，主人应先请客人吃，不要只吃一种自己爱吃的菜，其他菜都要吃一点。喝汤时，不能出声，汤匙不要碰碗发出声音。客人饭快吃完时，要问客人“还添饭吗？”不能问“还要饭吗？”因为俗称“乞讨人”为“要饭花子”，问“要饭吗”是不礼貌的。和人打招呼，尤其是长辈，一定要说“您”。

上梁 盖新屋，是山区人民生活中的一件大喜事。上梁前，亲友都来祝贺，赠送礼品。上梁之日，大梁上张贴“吉星高照”的横批；两旁中柱贴对联“竖柱喜逢黄道日，上梁正遇紫微星”。新房子内摆上大桌子，将蒸好的糯米饭、梁帐，连同甑子放在大桌子上，等上梁时辰一到，瓦匠、木匠登上屋梁（瓦匠居右，右边是大边）两边，将大梁两头系上一段红布，放在甑子上，进行熏梁，然后将熏好的大梁两头系好绳子，由瓦匠、木匠拉上屋梁，一边拉一边说“好”，等架好屋梁后即放爆竹。瓦匠、木匠把东家给的糖果、万字糕、“欢团”等自己留一些，其余的撒给人群，任人抢取。亲朋好友送贺礼。上梁当晚，宴请工匠和亲友吃“上梁酒”。现在上梁酒一般安排在春节前后。

方言俗语

石杨地区方言属于北方方言系统中的江淮次方言，即江和全语区，与普通话差别较大。由于山区交通不便，与外界交流较少，与南京、江浦附近乡镇的方言差异不大。现在的学生及年轻人多数使用普通话。老年人说话，仍然带有“乡音”。

方言称谓

石杨地区方言中一些人称称谓、动植物、农事等有着不同的叫法，如：

自然称谓 云灿（云）、起风（刮风）、梭雨（落雨）、落色（掉色）、笃着雨（淋雨了）、漆黑（天黑）、乡下（农村）。

人称称谓 老资、我阿资、老爹（祖父），我阿奶（祖母），我妈、阿姨（婆婆），嗲、我哒（父亲），我爸、我哒（公公），大姥、大姑（父亲的姐姐），亲家公（称男亲家），家婆、阿婆（外婆），小姥、小姑（父亲的妹妹），家公、阿公（外公），老姨（母亲的妹妹），赖巴子、小老憨（小儿子），姨妈（母亲的姐姐），亲家母（称女亲家），大爷、大伯（父亲的哥哥），小丫子（小女孩），大婶、大妈（父亲的嫂子），舅妈、舅嫫（舅母），小叔、小哒（父亲的弟弟），姑爷（姑父），姑姥（姑母），光蛋（单身汉），娌（你），半边人（寡妇），怀身子（孕妇），过月子（产妇），小蜜伢（刚出生婴儿），小炮子（小伙子），小厮（小男孩），小子（孩子），啬皮干、小头鬼（称吝啬的人）。

农事称谓 舀瓢子、粪瓢（粪勺），栽秧（插秧），水舀子（水瓢），兜窝子（石臼），掼稻（脱粒），豁桶（掼桶），歇盼、歇脚（休息），耖田（犁田），摇箩子（箩筐），折子（篰子），扎棚（围子），石磙子（碾子），绞米（碾米），磨洋工（做事偷懒），兜贴埂（田埂周边防渗漏）。

动物称谓 耗子（老鼠），小米虾（小白虾），曲蟮（蚯蚓），老哇子（乌鸦），鳞、知了（蝉），火萤虫（萤火虫），喊喊子、叫游子（蟋蟀），刀螂（螳螂），山牛、牯牛（公牛），犟牛、水牛（母牛），爵猪（种猪），癞癞姑子、麻浆疱（蟾蜍），猪（母猪），狼母猪（生仔母猪），犍猪（公猪），烫鸡（拔鸡毛），蜻蜓子（蜻蜓），脚鱼（甲鱼），鲢子（鲢鱼），爬蟹（螃蟹），猪幌子（猪血），四脚蛇（壁虎）。

农作物称谓 桑果子（桑葚），楚楚子（高粱），包芦、绿果子（玉米），大椒（辣椒），北瓜（南瓜），哼秋（荸荠），野菜（荠菜），油（酱油），蔌菜（蔬菜），红花草（紫云英），藕把子、藕蒂子（藕节）。

时间称谓 五月节（端午节），揪个、高个、今个（今天），毛个、埋个（明天），候一会儿（等一会儿），错个、磋个（昨天），才个、前个（前天），大才个（大前天），下晚（傍晚），过一哈（过一会），这晌子（这会儿），号个、后个（后天），向前年（前年），过年（春节）。

身体称谓 害得背（脊背生疮），风疹子（皮疹），结巴子（口吃），豁嘴子（兔唇），杠子（皮肤表面的划痕），寒斯怕冷（发寒），脱隼（脱臼），庇痧子（中暑），肋盆骨（肋骨），阿胡子（络腮胡子），脚门丫（脚丫），手爪头子（手指），下巴姑子（下颚），头老壳子（脑门子），脑颈把子（后颈部），脚爪头子（脚趾），胳膊肘子（手背），手折门子、手指棚子（指甲），螺蛳拐子（脚踝），磕基头子、磕络头子（膝盖）。

常用口语 猫软的（很柔软），莫事（没事），夹生饭（未煮熟米饭），扎实（坚固结实），做松货（干活），别轧我（别挤我），夹辣巴生的（不讲理），刷刮、麻利、麻利快（做事利索），识相（识时务），活鹊样的、总结样的（讽刺人像个人物），作兴（也许），呱蛋、搗经（聊天），好佬、把岑（贪小利），大相（傲慢、瞧不起人），没淆（东西少，不够称），带点尾子来（向饭店厨师要汤），哪块（哪里），受窝囊气、受阏疱气（受气），推板（质量差），热烘（热闹），厦子（正房侧面的小屋），呤衣服（晾衣服），围腰（围裙），身体重（懒惰），磨得很、拖拖拉拉（做事慢），怂样（形象不好看），杠精（脾气坏，爱挑剔），做事搭浆（做事不扎实），二聊嘴（搬口舌），吵窝子（吵嘴），老八代样的（苍老），吃得开、香饽饽、吃香（做事有市场），活歹（丑陋），抹脸（洗脸），窝气、怄气（郁闷），怎搞的（怎么搞的），妹掉（扔、甩掉），沓步子（台阶），歇盼（干活休息），到哪块（去哪儿），在路高子（在路上），干事嘅（干事去），得味（好玩、有趣），头绳褂子（毛线衣），围颈子（围巾），假马的（不是真的），胎气（说人大方），荷包（衣兜），杌凳子（矮凳子），手捏子（手帕），嘀咯大（很小），小头巴希的、小气（吝啬），黑漆麻乌（暗得很），雪乌的（很黑），毫毫子（一点点），我的乖乖隆地咚（非常惊奇），小鸡肠子（心胸狭窄），小家子气（不大度），打光领子

（打赤膊），甩里甩切的（做事粗鲁），正儿八经的（一点都不假）。

俗语 蛇有蛇路，鳖有鳖路，螃蟹有斜路（比喻每个人有每个人的生活方式）

各个人，有各个人的门路（说明每个人有各自做生意的方式）

条条路通杨石巷（比喻每个人都有自己的活法和门路）

宁可冇（mao）一村，不可冇一家（形容做事时，注重场合，要面面俱到）

人上一百（be），五颜六色（比喻人多了，什么性格的人都有）

省着省着，窟窿等着；用着用着，菩萨送着（比喻该花钱就要舍得用钱）

吃苦吃在明处（形容给他人做事，要说明缘由）

大处不算，小处算，菜瓜打大锣、整节的去（比喻做事不思长远，只顾眼前）

人不走运，喝水塞牙缝（比喻运气不佳的人，不管做什么事都不顺利）

叫人不折本，舌头打个滚（比喻尊重他人，不需要付出）

棍棒底下出孝子（比喻有的人是通过严厉的教育而成才的）

孬人有福，土地老爷住瓦屋（形容老实人运气好，做本分人有好报）

吃人的容易，吃自己难（形容经济困难的人，做人难）

牙齿朝外生，吃进去鲜甜的，吐出了血苦的（讽刺那些吝啬的人，只向别人索取）

红配绿，看不足（形容搭配得巧妙）

乖乖隆地咚，韭菜炒大葱（形容程度了得）

家有肥猪外有秤，屋有黄金外有论（比喻人家有钱或无钱，别人也能观察出来）

外有挣钱手，家有聚钱斗（形容女人当家很重要）

一代精明一代痴，两代做官出孬子（形容养孩子不能娇生惯养）

家里不吃肉，狗不往外衔骨头（比喻事出有因）

上梁不正下梁歪，中梁不正倒下来（比喻做主子的不正派，其下人也难正派）

瘦田丑妻，无价之宝（比喻价位不高的事物也有它自身的价值）

打死会拳的，淹死会水的（比喻为人做事要谨慎）

惯了不孝，肥田收瘪稻（比喻孩子宠爱过度，反而害了他）

偏儿不得偏儿的力，望着偏儿淌眼泪（形容被宠爱的孩子，反而不孝顺）

不听老人言，吃苦在眼前（强调要多听年长的话，不会做错事）

吃人嘴软，拿人手短（形容人不自立，易被人牵着鼻子走）

闷闷大发财（比喻处世低调的人，能发大财）

家家有本难念的经（比喻在生活中每个家庭都有不同的烦恼和困难）

青菜豆腐保平安（比喻常吃蔬菜身体好）

请神容易，送神难（形容因一些小事情请人来帮忙，事后也不好打发人走）

人怕狠的，鬼怕恶的（形容人是欺软怕硬）

不是一家人，不进一家门（形容一家人在一起生活久了，其生活习惯也趋于相同）

大门不换向，媳妇照婆样（比喻婆婆的生活方式和生活习惯会影响媳妇）

债多不愁，虱多不痒（形容人欠债多了，反而不着急）

生姜还是老的辣（比喻老年人经验丰富，办事老练）

养个儿子担心，养个丫头省心（形容养个儿子负担重）

人往高处跑，鱼往深处游（形容人总是往好处想）

勤劳人急在腿上，懒惰人急在嘴上（比喻勤快人讲究做实事，懒惰人爱说空话）

能隔千里山，不隔一块阴阳板（比喻人活着比死了好）

桑树条子趁早育（比喻教育孩子要从小教育）

用菩萨抬菩萨，不用菩萨甩菩萨（形容用人时求人，不用人时不睬人）

时代性顺口溜 场上稻堆圆又尖，老汉堆谷垒上天。撕片云彩擦擦汗，斗火太阳抽袋烟（“大跃进”时期）

一两二两饿不死队长，三钱五钱饿不死炊事员。小会计点子高，队长打粥锅底捞，社员打粥锅面漂（三年困难时期）

大队干部水上漂（东海牌烟 0.28 元/包），生产队长猫对猫（玉猫牌烟 0.19 元/包）。生产队会计大铁桥（大铁桥牌烟 0.14 元 / 包），社员只抽白纸包（白纸包烟或丰收牌烟 0.09 元 / 包）（计划经济时期）

一劁猪，二破篾，三搗犁头，四打铁（劁猪匠，篾匠，搗犁头的，铁匠）

一酿酒，二打铁，三磨豆腐，四放血（酿酒师，铁匠，磨豆腐的，杀猪匠）

秋稻草，夏麦秸，春冬二季瓦渣子揩（反映新中国成立前人们生活艰辛）

七月荞麦八月花，九月荞麦收到家

学会文武艺，货卖帝王家

歇后语

以人喻事

三花脸做皇帝——没有正像

八十岁老奶奶下泥塘——挑也难挖也难

孔夫子搬家——尽是书（输）

外甥打灯笼——照舅（旧）

聋子耳朵——陪送（摆设）

大姑娘坐花轿——头一回

秃子头上的虱子——明摆着

梁山的军师——吴（无）用

和尚分家——多寺（事）

跟和尚借梳子——找错了对象

张飞卖豆腐——人硬货不硬

哑巴吃元宵——心里有数

哑巴吃黄连——有口难言

以事喻事

三伏天穿皮袄——不是（识）时候

三十晚上的月亮——看不见

三十晚上说大书——讲的讲，听的听

四两棉花——弹（谈）不上

石板上钉钉子——硬碰硬

快刀打豆腐——两面光（两面讨好）

快刀斩乱麻（索）——一刀两断

炮竹店失火——自己恭贺自己

脑壳上涂油——滑头

反穿皮袄——装羊（洋）

茶壶装元宵——有货倒不出

麻布口袋装菱角——里捣外戳

青菜花子拌豆腐——有盐（言）在先

草帽坏了边——顶好

草帽无顶——顶坏

茶壶坏了把——只剩嘴

香葱拌豆腐——清清白白

下雨背稻草——越背越重

坐轿子翻筋斗——不识抬举

糠箩跳进米箩——好福气

以物喻事

胸口挂钥匙——开心

黄牛角、牯牛角——各（角）归各（角）

捋着胡须上台——谦虚（牵须）

癞蛤蟆想吃天鹅肉——痴心妄想

乌龟爬进铁匠铺——自讨没趣

老鼠拉板锨——大头在后

黄鼠狼看鸡——越看越稀（少）

懒猫逮着死老鼠——巧遇

狗咬刺猬——无处下口

体育游艺

石杨地区人民在闲暇中，将娱乐和体育健身融为一体。流传至今的有舞狮、舞龙、跑旱船、河蚌舞等，这些项目在表演中既有体育竞技，又有音乐、娱乐元素。通过表演，祈祷风调雨顺，给人们带来好运。舞狮、舞龙象征威猛、吉祥和驱魔，跑旱船、河蚌舞是用幽默诙谐的形式表达对幸福生活的向往和期盼。

舞狮（2018 年）　　石杨镇政府　提供

舞狮　舞狮是石杨山区的民间艺术，又称为“太平乐”。狮子框架由竹子扎成，外面用彩布条制作成型，每头狮子一般由两个人合作表演，一人舞头，一人舞尾。表演者在锣鼓音乐下，装扮成狮子的样子，做出狮子的各种形态动作。在表演过程中，舞狮者要以各种招式来表现狮子的灵动与阳刚。舞狮又被认为是驱邪避害的吉祥瑞物，每逢节庆或有重大活动必有舞狮助兴，长盛不衰，历代相传，直至今天。

舞龙　石杨山区俗称玩龙灯，用竹篾扎成分段的龙头和龙身，外面用布装饰。石杨地区水患严重，舞龙源自当地人对龙的崇拜，每逢喜庆节日，人们都会舞龙。

舞龙（2018 年） 石杨镇政府 提供

舞龙时，龙跟着绣球做各种动作，穿插，不断地展示扭、挥、仰、跪、跳、摇等多种姿势。农民以舞龙的方式来祈求平安和丰收。

跑旱船 又称玩旱船，花船的造型酷似鲤鱼。花船一般长 2 米，宽 1.2 米，高亦约 2 米，用竹篾扎成船形或鲤鱼状，四周围上绿绸，里外用彩纸糊起来，绘有各种各样的图案，看上去很花哨。跑旱船是石杨镇传统民俗之一，春节前后和重大喜庆日子都会表演。

玩旱船时，中间有一青年女子，穿红着绿，打扮得花枝招展，边走边唱边扭。唱的是当地民间小调《孟姜女》《二姑娘相思》《玩旱船》等。玩旱船的主角是艄公，

跑旱船（2018 年）　　　　石杨镇政府　提供

艄公俗称作“骚达子”，一般反穿皮袄，头戴破草帽，草帽没有帽顶，后沿反卷起，嘴角饰两撇“汪丫胡”子，手持一把破芭蕉扇。若手持篙杆时，则将破扇插于腰间或脖后，随旱船扭来扭去，和着锣鼓节奏，不时地哼唱小调。唱词多望风采柳，即兴发挥，幽默、诙谐地跟随“搭白”，为节日街头最为逗引看灯人的一道风景。

河蚌舞　河蚌是民间艺人用竹条扎成一人高的蚌壳道具。河蚌舞是石杨镇绰庙集传统民俗，由两人表演，一人扮蚌精藏在蚌壳内，另一人扮老渔翁，表演渔翁捉蚌。

“三月三”庙会上的河蚌舞演出（2012 年）　　　　石杨镇政府　提供

每逢传统节日，到处都可见到河蚌舞的演出。表演以老渔翁为主，演出无固定程式，全凭表演者即兴发挥。由于石杨是水乡，捕鱼摸蚌的人多，表演的渔夫和河蚌的动作都有生活依据，神态逼真，情节较完整，人物有性格，表演有特技。蚌精形象优美、活泼可爱，渔翁表演风趣、幽默，深受群众喜爱。

美食特产

石杨由于特定的地理环境，原生态美食野味居多。如带皮红烧羊肉、如山湖鱼头汤、迢迢谷野山茶、小胡桥的野味、绰庙的麻油火板、红丝绿梅玉带糕、纯真农家大锅巴，以及包子、大饼、油条、烧烤、面条等数不胜数，各有特色。

绰庙酥 石杨绰庙的绰庙酥，深受广大顾客的喜爱。特别是绰庙的周记酥排堪称上品，历史久远。周记酥排早在清代就被当地人作为馈赠亲友的礼品。该产品做工精细，秉承传统工艺，利用绰庙山中特有的木柴作燃料，以优质面粉、精品小磨麻油、上等芝麻、食盐、糖等作为原料，采用祖传的配方加工而成。产品分为咸、甜两大类，酥脆爽口，小巧玲珑，具有香、甜、酥、脆，一拍即碎特点。低糖、低油，食后回味无穷，老少皆宜，是人们口中津津乐道的食品。且有开胃的功能，是茶间、旅游休闲、居家必备之佳品。

绰庙酥 张峰 摄

王庆久卤鹅 1985年，王庆久在家乡开始经营卤菜生意，几十年来不断探索卤菜的口味，总结出自己的一套卤菜经验。王庆久的卤菜产品，在绰庙地区久负盛名，不仅

王庆久卤鹅 倪林 摄

口味纯正，而且色香俱佳。其卤菜系列产品较多，如卤鹅、卤鸭、卤猪头等，主打产品为卤鹅。地道卤鹅产品的根本在于老鹅。他的老鹅原料，首先是选用农家散养的成年老鹅，然后将其放在鹅栏，用精饲料复膘，至少再养两三个月，待宰。其次是卤鹅配料，他在传统配料的基础上，根据当地人的口味特点进行改良。再次是卤制方法，即将杀好的老鹅清理完毕，放在配好佐料的汤汁里，用文火浸炖数小时，待汤汁入内。浸炖时间是关键，时间短了，汤汁不能入内，鹅肉无味；时间长了，鹅肉烂了，口味过重。王庆久的卤鹅色泽红润而清亮，鹅肉肥嫩而不腻，口味鲜美而别具特色。曾有同行人怀疑王庆久的卤鹅用违规配料，甚至委托其他人购买王庆久的卤鹅后送给有关部门化验，结果检验正常。同行人由此信服。经此一事，越来越多的顾客慕名而来，竞相购买，口碑也便逐渐传开。

葛氏红烧猪蹄髈 清末，石杨高皇殿的葛氏酒馆生意十分兴隆，特别是红烧蹄髈，在高皇殿一带堪称一绝。当时酒馆的大厨是葛后生，他将其祖传烹饪技术及配料秘方传给了儿子葛家明。二十世纪六七十年代，个体酒店禁开之时，葛家明被选入政府食堂当大厨。当时，葛家明最拿手的几道菜是红烧蹄髈、糖醋掌蛋、咸板鸭等。这几道菜在和县石杨地区家喻户晓，其中，红烧蹄髈名气最大。红烧猪蹄髈制作方法是选跑山猪的带骨前蹄髈，洗净，放冷水下锅，小火清炖两小时，再加生姜、八角、桂皮、香葱、白糖、老抽少许，再小火焖烧一小时即可。红烧蹄髈制作要点一是选料，一般选一

葛氏红烧猪蹄髈 倪林 摄

年以上的跑山猪或家庭饲养的一年以上的黑猪作原料；二是佐料放入时间要把握好，放早了，口味太重，放迟了，佐料不入内；三是各种佐料比例要适当，不能偏甜，也不能偏咸；四是注重火候，火大了，蹄髈烧烂了，无咬劲，不好吃，火小了，咬不动。葛氏红烧猪蹄髈兼具肉肥而不腻、形软而不散、色红润而清亮、味香扑鼻、味美爽口的特点。

杂鱼粑粑 倪林 摄

杂鱼粑粑 农民在农忙时，为了节省时间，用一锅熟的方式，将面饼贴在烧鱼锅边上，鱼汁浸入面饼（当地方言称之粑粑），味道特别鲜美，后来形成这道特色菜。

李氏农家大锅巴 倪林 摄

李氏农家大锅巴 石杨地区生产优质稻米，山区人民常以传统大灶煮饭，土灶柴火做出的锅巴脆、酥、香，吃起来满口享受。

虞姬方片糕与玉带糕 为了纪念虞姬，当地人用优质大米做成糕点，在华东地区很是畅销。

玉带糕 倪林 摄

玉带糕是传统糕类名特产品，做工讲究，质量上乘。清朝乾隆年间，玉带糕曾作为贡品，进贡皇帝，皇帝品尝后啧啧称赞，御封为“一品玉带”，此后声名远扬。玉带糕以冰糖、桃仁、红梅、青梅、桂花、莲子、橘饼、米粉、麻油为原料，经科学方法，采用传统工艺精制而成。黄色的核桃似黄金，绿色的青梅似翡翠，莲子和橘饼如同珍珠玛瑙；四周有米粉镶成的白边，酷似一条玉带。玉带糕不仅香甜可口，而且具有滋阴强身、润肠益气、清火健胃、生津润肺等功能。

虞姬方片糕 倪林 摄

高滕葡萄与葡萄酒产品展示

石杨镇政府 提供

高滕葡萄 高滕葡萄生长地环境特殊，高滕迢迢谷四面环山，昼夜温差大，使得葡萄生长期长，产出的葡萄个大、皮薄、柔嫩、汁多、味美，含糖量高，甜中带鲜，口感别具特色。由于高滕葡萄与其他品种的葡萄错峰生长，因此在市场中独占鳌头。

由于高滕葡萄种植户增多，产量大，当地农民在地方政府和县市场局的指导和帮助下，将葡萄酿成葡萄酒，远销华东地区。

高滕葡萄园（2019 年）

祁智婷 摄

先锋板栗　石杨绰庙先锋板栗种植历史已有400多年，现存有清末栽种的板栗树126棵，有的树干直径达1米，至今仍然硕果累累。先锋板栗营养丰富，含有丰富的胡萝卜素、抗坏血酸和多种人体所需的氨基酸、维生素、天然活酶及磷、钾、钙、铁等矿物质，还含有10.7%的蛋白质、7.4%的脂肪、70%的淀粉，素有“木本粮食，铁杆庄稼”之称。先锋板栗肉质细糯，色泽金黄，口感香美，回味绵长。

先锋板栗　　和县林业局　提供

万源冬桃　石杨万源苏氏生态农场种植的400多亩冬桃，果实近圆形，平均果重220克，最大500克，果实底色黄白色，阳面粉红色，无茸毛，果面光滑，外观红润。果肉黄色，由外向内逐渐变红，至近核处呈鲜红色，以核小肉嫩、甘甜清脆著名，是罕见而珍贵的桃中奇品，也是馈赠亲朋好友的佳品。

万源冬桃　　王俊　摄

万源农场（2018 年）

李伦凤　摄

名人与名镇

石杨，历史悠久，人杰地灵。魏晋南北朝时期，佛文化在华东地区影响深远，明代四大高僧、禅学传承人憨山大师名声远扬。两次国内革命战争中均出现杰出人物；和平建设时期，各条战线上都涌现出大批优秀人物。

一代高僧憨山大师

憨山出生地考 憨山大师（1546—1623），法名德清，字澄印，号憨山，被公认是明末四大高僧之一，为中国古代禅宗成就者之一。俗姓蔡，和县石杨镇人。

憨山故居遗址碑亭（2019 年） 高小真 摄

广东南华禅寺住持传正赠碑　　高小真　摄

供奉在广东韶关市南华禅寺中的憨山大师真身　马维国　摄

自幼情归佛缘　德清 9 岁时，常随母亲至寺院礼佛，能背诵《普门品》。12 岁，寻佛金陵报恩寺，19 岁削发为僧。一日，听和尚讲《华严玄谈》，至十玄门、海印森罗常住处，恍然了悟法界圆融无尽之旨，因而恳切仰慕华严宗清凉澄观法师的为人，自字“澄印”。

他先后北游参学，听讲法华和唯识，并参徧融（真圆）、笑岩（德宝）二巨匠，请示禅要。继往游五台山，见北台憨山风景奇秀，即有取为自号之意，得憨山之名。28 岁时，他又离京游嵩山、洛阳，上五台山，居北台之龙门，专事参禅。

明万历十一年（1583），德清赴东海牢山（山东崂山）那罗延窟结庐安居，开始用憨山为别号。皇太后遣使送三千金为他建庵居住，当时山东遭灾荒，他即建议将此费全数施舍给灾民。万历十四年（1586），神宗印刷大藏经十五部分送全国名山，慈圣太后特送一部与东海牢山，因无处安置，又施材修寺，称海印寺。同年，真可（达观）与弟子道开为刻藏事特来访他，住了两旬而去。万历二十年（1592），他访达观于房山上方山，同游石经山，巡礼隋静琬所刻石经。时静琬塔院为僧所卖，达观出资赎回，德清撰《复涿州石经山琬公塔院记》。

蒙冤充军广东 明万历二十三年（1595），神宗不满意皇太后为佛事耗费巨资，恰恰太后又派了个当时大臣所忌的使者送经到牢山，于是迁罪于德清。他从北京回来，蒙冤被捕下狱，以私创寺院罪名充军去广东雷州。他于十月间携侍者福善南行，至韶关，入曹溪南华寺礼六祖肉身。三年后，雷州旱荒，饥民死亡载道，他发动群众掩埋并建济度道场。此后，他到达广州，当地官民仰慕他的学德，经常有人去访问他。他即着罪犯服装登座为众说法，开创岭南的佛教风气。

住持曹溪弘禅 明万历二十八年（1600）秋，南韶长官祝公请德清入曹溪，时南华寺衰落已久，他到寺后，开辟祖庭，选僧受戒，设立僧学，订立清规。万历三十一年（1603），达观在京师因《妖书》事被捕下狱，又累及德清，仍被遣还雷州。中间他曾渡海游海南岛，访苏东坡故居，作《琼海探奇记》。

万历三十四年（1606）八月，明廷大赦，德清于是再回曹溪。他为复修南华寺大殿，自往端州采运大木。有僧挟嫌诬他私用净财，讼于按察院，他船居芙蓉江上二年待讯，大病几死。后来虽真相大白，他却坚决辞去曹溪的住持，至广州长春庵，为众讲经。

广东韶关南华寺（2016 年） 马维国 摄

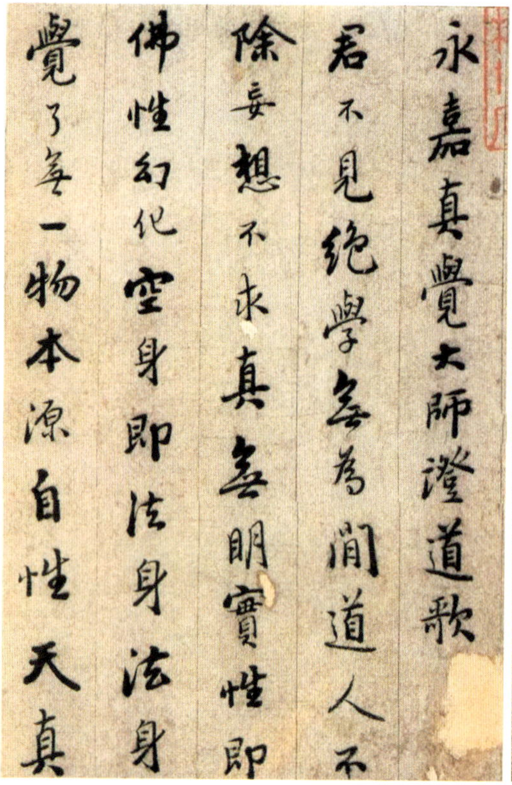

憨山大师的书法　　马维国　摄

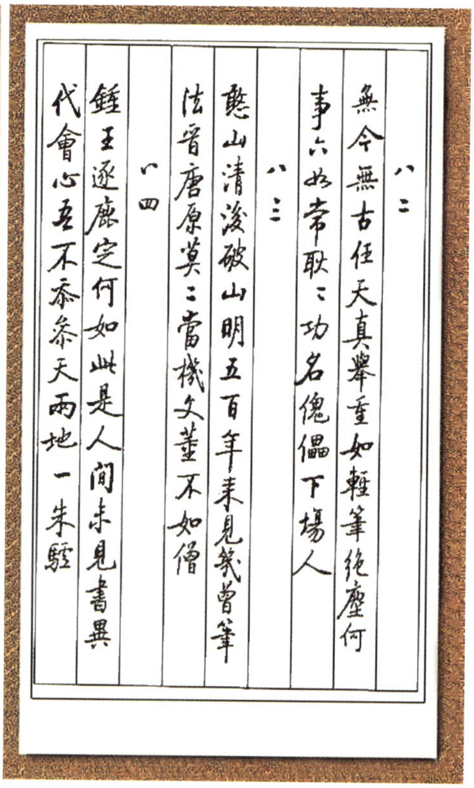

启功赞许憨山书法　　马维国　摄

德清几入曹溪，写成《楞严通议》《法华通议》《起信论略疏》，并开讲为众说戒讲经。明天启三年（1623）十月圆寂。僧众弟子们恭恭敬敬地为大师肉身披上了千佛衣，供奉于憨山寺内。

名列明代四大高僧　明代佛教已呈颓废之态，佛门各宗到此时后继乏人，晚明出现了中兴的四大高僧，收拾颓废局面，佛教出现了回升之势，憨山大师就是其中之一，为近代佛教复兴打下了坚实的理论基础。

明末，曹溪这座唐朝著名的禅宗道场，已经破落不堪。憨山大师有感于曹溪祖庭的败落，着手进行整治，历经一年，使大鉴之道有了勃然中兴之势，被尊为曹溪中兴祖师。他学贯儒、释、道，博览群书，治学严谨，著作颇多，如《楞伽笔记》《华严纲要》《楞严悬镜》《法华击节》《楞严经、法华经通义》《起信唯识解》以及《观老、庄影响论》《道德经解》《大学、中庸直指》《春秋左氏传心法》和《梦游集》若干卷，至今仍流传于世。他书艺精湛，自树一帜，开一代之盛。他所主张的三教融合思想一直为当今佛学界称颂。

三教融合 憨山大师写了很多著作来说明三教融合，他曾指出，“为学有三要，所谓不知《春秋》，不能涉世；不精《老》《庄》，不能忘世；不参禅，不能出世。”（《学要》，《憨山老人梦游集》卷三十九）这三者缺一不可，缺一则偏，缺二则隘，三者全无而称之为人者，则是貌似人而已。

憨山有关三教之会通，比较完整系统的论述，见于所著《观老庄影响论》一篇。三教之间，特别是儒佛之间，德清也提出了许多融合的根据。例如，儒家讲忠讲孝，德清认为佛教也讲忠孝的：“出家人宁可上负佛祖，下负我憨山老人，不可自负，不可负君，不可负亲。”

后世评价 明朝末代皇帝崇祯曾为其作《御赞憨山老和尚法像》云：“耆老和尚，何等行状？撑持法门，已作栋梁。受天子之钳锤，为佛祖之标榜。”

吴应宾认为“纵其乐说无碍之辩，曲示单传，而熔入一尘法界，似圭峰（宗密）；解说文字般若，而多得世间障难，似觉范（慧洪）；森罗万行以宗一心，而产无生往生之土，又似永明（延寿）”。

梁启超在德清作品上题跋：“憨山法师手书遗偈，饮冰室藏。憨山大师以法事因缘谪戍吾粤，中兴曹溪，晚岁虽一度逾岭，入衡庐诸岳弘法，然卒归示寂于曹溪，盖师与吾乡胜缘深矣。遗墨传世已少，得此窃自喜。辛酉正月，启超记。”

徐颂鹏教授认为憨山德清是明代僧人领袖，并出版研究著作《明代僧人领袖——憨山德清的生活与思想》。

中国书法家协会主席启功对憨山大师的书法有过很多评价，其中有一首诗写道：“憨山清后破山明，五百年来见几曾。笔法晋唐原莫二，当机文董不如僧。”

附：《憨山大师劝世文》

红尘白浪两茫茫，忍辱柔和是妙方。到处随缘延岁月，终身安分度时光。

休将自己心田昧，莫把他人过失扬。谨慎应酬无懊恼，耐烦作事好商量。

从来硬弩弦先断，每见钢刀口易伤。惹祸只因闲口舌，招愆多为狠心肠。

是非不必争人我，彼此何须论短长。世事由来多缺陷，幻躯焉得免无常。

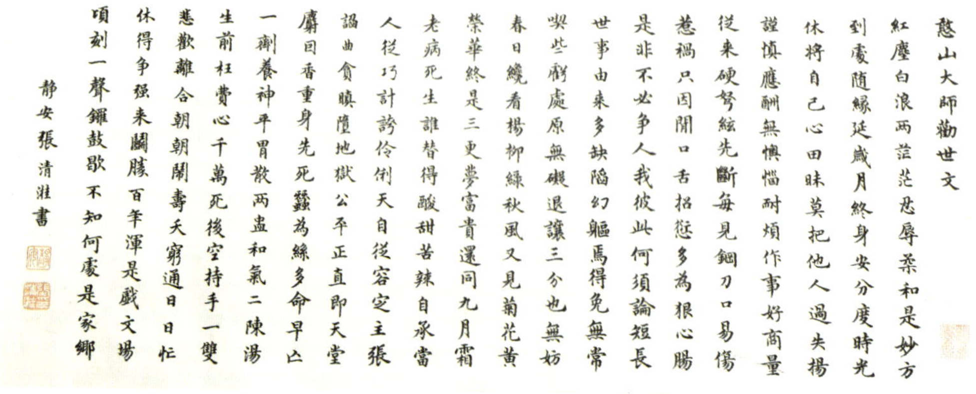

《憨山大师劝世文》（2016 年）　马维国　摄

吃些亏处原无碍，退让三分也无妨，春日才看杨柳绿，秋风又见菊花黄。
荣华终是三更梦，富贵还同九月霜。老病死生谁替得，酸甜苦辣自承当。
人从巧计夸伶俐，天自从容定主张。谄曲贪瞋堕地狱，公平正直即天堂。
麝因香重身先死，蚕为丝多命早亡。一剂养神平胃散，两盅和气二陈汤。
生前枉费心千万，死后空持手一双。悲欢离合朝朝闹，寿夭穷通日日忙。
休得争强来斗胜，百年浑是戏文场。顷刻一声锣鼓歇，不知何处是家乡。

三戴家族

明末清初，和州戴氏家族在江东一带颇有名气。这个家族的戴重、戴本孝、戴移孝，以文章气节相矜许，与海内豪俊相交游，飞文染翰，名重一时。他们或以抗清斗士扬名，或以布衣画家称誉，或以遗民诗人自号，俱在诗、书、画领域取得重大成就。

戴本孝纪念馆一角（2019 年） 李俊 摄

据史志记载，戴氏原籍安徽休宁。其远祖戴仲礼，早年追随朱元璋征战有功，曾授贵州普安卫千户，后赐田宅于和州，遂入和州籍，家于历阳之西河村（现石杨镇花园戴村）。

戴重（1602—1646） 字敬夫，初名九重，号河村，别号蒿民，又称威道人，自幼勤奋好学，14 岁即为诸生，注籍复社。明崇祯十七年（1644），他以岁贡廷试第一授湖州府推官。时李自成攻克北京，推翻明王朝。南明福王迁都南京，马士英把持朝政，闻说戴重有家传珍宝“澄泥砚”，便向戴重索取，戴不与，又以五百金购之，亦不与。由是得罪权臣，将戴重改判廉州，戴以乱未赴任。恰在此时，清军南下，南明危在旦夕，戴重乃联络太湖义旅为一军，在湖州率众起兵抗清，并与吴江吴阳、宜兴卢象观相呼应，争夺湖州，转战三月，三失三复。在战斗中不幸被流矢穿胸，潜居僧寺，作《绝命词》15 首。后潜归和州，隐于迢迢谷马鞍寺中，于清顺治三年（1646）绝粒而死，时年 45 岁，乡人追谥他为“文节先生”。

戴重多才多艺，诗词文章、书法绘画、象术医药以至稗官野史无所不通。

戴重共有子四人，这从他的《河村诗文集 · 死问》一诗清楚可知：“当时一箭穿我腹……六月始得归东林，四男惊视如聋喑。”戴本孝在《余生诗稿》自序中写道：“予兄弟四人，二十年中，殇其二。”所言兄弟四人，皆为戴重亲生；戴本孝为长，仲为移孝，格孝次之。

戴本孝（1621—1693） 清代画家。戴重长子，字务旃，号鹰阿山樵、迢迢谷老樵、横江槎客、太华石屋叟、天根道人等。明天启元年（1621）出生于和州历阳（今安徽和县）西河村。据清代所修《花园、河村连宗戴氏宗谱》记载，因戴本孝祖茔在迢迢谷鸡心山，其父戴重与迢迢谷西麓花园村（今和县石杨花园村）戴姓连宗。自戴重之后，皆居于此，老于此。

明代灭亡后，戴本孝居住在迢迢谷中。他把所有的精力投入在绘画艺术中。他或者出游写生、访友，或者蛰居于迢迢谷中的“守砚斋”，“石泉秋露净，茶碗月窗香”。

戴本孝创作思想上，主张学古人而不拘泥于成法，强调“以天地为真本”和“我用我法”，这是他艺术思想的核心。其代表作《华山图册》《黄山图册》《莲花峰》等，均有着超凡的写实功力。晚期代表作，如《山水册十二页》，意境高旷、构图简朴、枯笔渴墨已渐趋于成熟，颇具幽深峻远的纯净之美，借山水抒发自己在江山变迁中荒僻幽寂的心境。

戴本孝亦擅书法、篆刻，如《黄山图册》十二开，一画后皆另纸附一跋，以小行楷书之，颇具苏（轼）、米（芾）神韵。《雨赏图卷》《巢民老人观菊图轴》等，俱跋以长诗。他的印章，多为自刻。清康熙二年（1663）仲春，他为冒襄镌刻一枚极为别致的六面印，样式丰富，篆刻风格避同求异，古雅醇正，邈无俗韵。仿汉代金文边款，为明清篆刻史上篆书边款的发轫之作。此印是中国篆刻史上的经典作品，戴本孝也藉此一印而彪炳印史。

康熙三十二年（1693）七月，戴本孝病逝家中，终年72岁，葬于迢迢谷鹰阿山麓。

戴氏父子墓碑（2019年） 高小真 摄

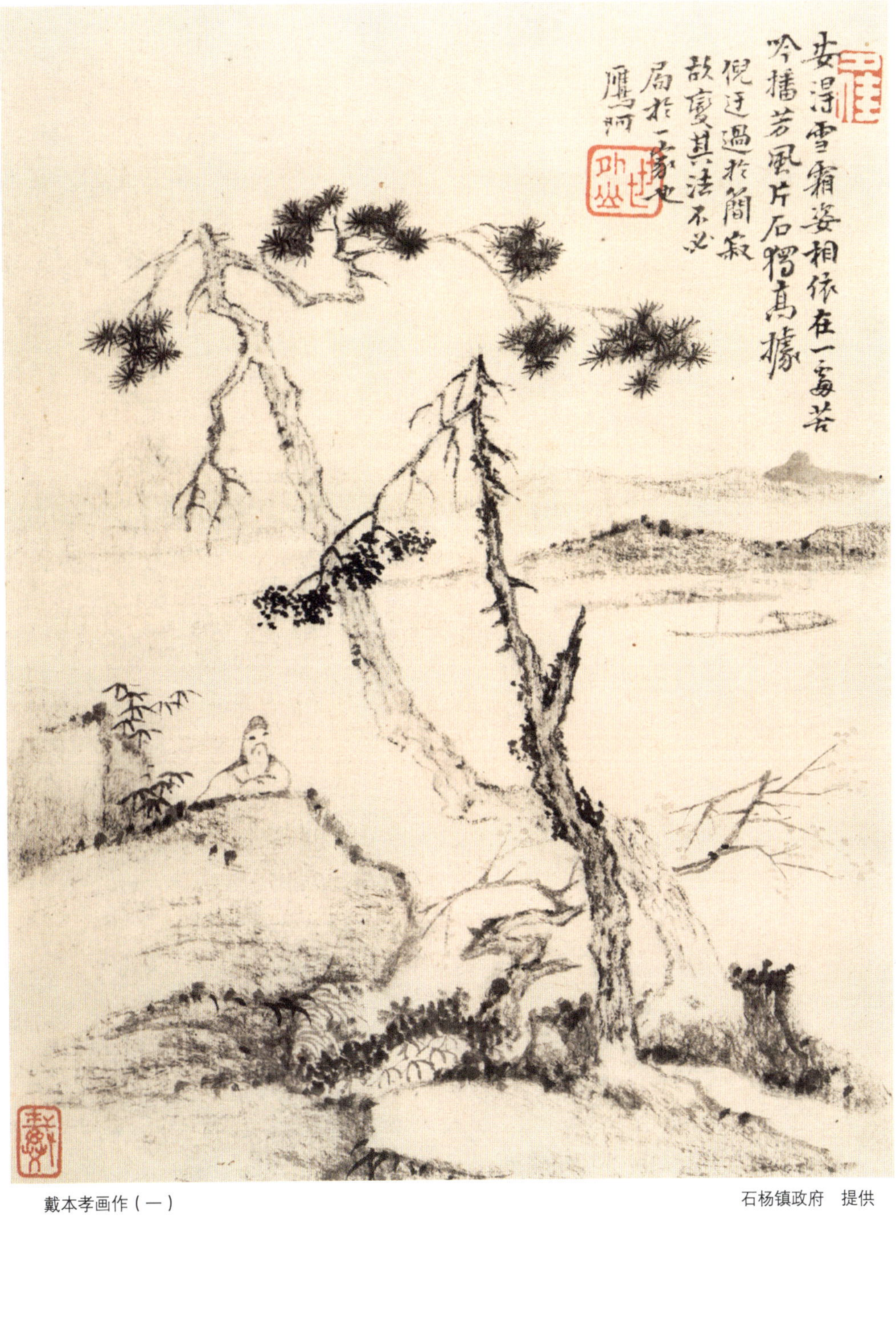

戴本孝画作（一）　　　　　　　　　　石杨镇政府　提供

戴本孝画作（二）　　石杨镇政府　提供

戴本孝作品一览表

表 2

作品名称	创作时间	备注
晓窗梅影图轴	康熙二年（1663）	安徽美术出版社著录
林泉高踏图	康熙二、三年（1663—1664）	神州国光集十九册《山水图》著录
山水	康熙三年（1664）	美国高居翰景元斋藏《溪亭清兴图》安徽博物院藏
山水图卷	康熙五、六年（1666—1667）	—
倦鸟亭图	康熙六年（1667）	《带经堂集·渔洋诗二十卷》著录
千尺峡、百尺峡云图	—	—
华山图	康熙七年（1668）	《穰梨馆过眼录》著录
阴崖的叟图	康熙十三年（1674）	—
黄山图册	康熙十四年（1675）	广东省博物馆藏
莲花峰图	康熙十四年（1675）	瑞士凡诺迪尼藏
山水轴	康熙十六年（1677）	美国高居翰景元斋藏
华山毛女洞图	康熙十六年（1677）	浙江省博物馆藏
雨赏画卷	康熙十七年（1678）	上海博物馆藏
傅对题册	康熙十七年（1678）	上海博物馆藏
今范华原山水	康熙十九年（1680）	安徽博物院藏
流孳南徙不忍见	康熙十九年（1680）	—
山径舟泊图	康熙十九年（1680）	安徽博物院藏
仿荒北苑山水题世外山图	康熙十九年（1680）	四川大学博物馆藏
淡色山水、烟波香霭图	康熙十九年（1680）	—
林壑前身图	康熙二十一年（1682）	《十百斋书画录》著录
焦墨山水卷	康熙二十四年（1685）	中国美术馆藏
艾溪图	康熙二十五年（1686）	王汾仲请其画家乡山水
亭皋落木图	康熙二十五年（1686）	《新安画派》18 页著录
守砚画册	康熙二十五年（1686）	—
三绝图卷、松岭梅图扇页	康熙二十六年（1687）	上海博物馆《山水扇顶》 辽宁博物馆
深林读书图	康熙二十八年（1689）	寄喻正庵
在鸠江作山水图	康熙二十八年（1689）	瑞典斯德哥尔摩远东美术馆藏

续表 2

作品名称	创作时间	备注
四川磅礴图、春山淡图	康熙二十八年（1689） 康熙二十八年（1689）	天津艺术博物馆《名画选集》著录
千峰梅影图	—	天津艺术博物馆《名画选集》著录
陶渊明诗意山水轴十二帧	—	扬州博物馆藏
扇面山水图	康熙二十九年（1690）	《明清扇面画选集（上海）》著录
天门垂钓图	康熙二十九年（1690）	上海朵云轩藏
山水	康熙二十九年（1690）	日本东京私人藏
杖头高秋图	康熙二十九年（1690）	—
峻岭飞泉图	康熙二十九年（1690）	天津艺术博物馆藏
巢民老人避召图	—	—
千峰策杖图	—	—
杜诗山水册	—	美国普林斯顿私人藏
仿倪瓒山水	—	香港程十发藏
至乐楼本、泉声图	—	—
示林修清溪意园图	康熙三十年（1691）	—
栋亭图、浅色山水图	—	《文物》1963 年第 16 期历代 流传书画编年表 148 页著录
巢民老人观菊图	—	—
茅斋梅鹤图轴	康熙三十二年（1693）	中国国家博物馆藏
历阳名僧录	失传	—

戴移孝（1630—1676）　戴重次子，字无忝，号笏山，小名丁，生于明崇祯三年（1630）。自幼饱读诗书，与兄本孝克承父志，共度时艰，不求仕进。又因其父对南宋碧落道人、慧兰禅师为金人所虏不屈、自焚而死的事迹深表仰慕，故又以“碧落后人”而自号。他生而体魄健壮，喜骑射，善刀槊，好交游。早年他曾作《从军行》诗以明志。诗云：

南山射猛虎，北海斩长蛟。生平一双手，出门随所遭。男儿爱乱离，安忍坐蓬蒿。可怜太平人，低头弄钱刀。草木同腐朽，乌知贤与豪。

从诗中可以看出，他年轻时就胸怀大志，很有豪气。

康熙三十二年（1693），戴移孝远游归里，家于和州城内，以经营药铺为生。其后又在家教书授徒，以吟咏自遣，曾与邑人叶肇梓合著《史贯》十七卷。晚年，又著有《碧落后人稿》《碧落庐丛谈》《碧落后人诗集》。时刑部尚书王士祯曾有诗赞道：“二戴历阳秀，久别恒相忆。忽见一书来，宁忘下车揖。”并赞移孝高才博学，“亦有诗名”，可谓誉之至矣！

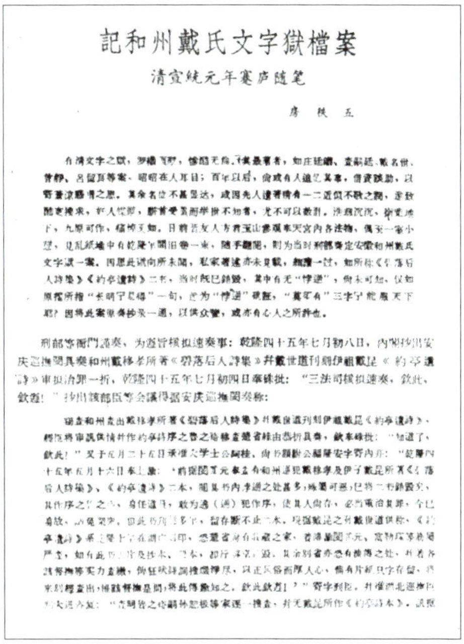
記和州戴氏文字獄檔案

清宣統元年蹇庐随笔

房秩五

[illegible]

刑部等衙門謹奏，为遵旨核拟速奏事：乾隆四十五年七月初八日，内閣抄出安庆巡撫閔具奏和州戴移孝所著《碧落后人詩集》并戴世道刊刻伊祖戴昆《约亭遺詩》审拟治罪一折，乾隆四十五年七月初四日奉硃批：“三法司核拟速奏，欽此，欽遵！”抄出該部臣等会議得据安庆巡撫閔奏称：

[illegible]

和州戴氏文字狱档案资料

和县档案馆　提供

然而清乾隆四十五年（1780），戴移孝所著的《碧落后人诗集》及其子戴昆所著的《约亭遗诗》，却因文字狱获罪而使戴氏遭杀身之祸。此案经安徽巡抚闵鹗元奏查有悖逆语，乾隆帝命大学士阿桂反复审核，认为前者“悖逆狂吠之处甚多”，后者有极端反清之言，遂定为证据，将戴移孝、戴昆刨坟戮尸，刻印者戴世道斩首。与案情毫无关系的戴氏子孙戴用霖、戴世法、戴世德等株连坐法拟斩，并将用霖、世法之妻解部付功臣之家为奴，将戴氏财产查明没收入宫，所有戴氏著书悉行查禁销毁，这就是继桐城“南山集文字狱”之后，又一著名的“和州戴氏文字狱”。其实此狱的罪名，纯属“莫须有”，全案除了举出《约亭遗诗》中的一句“长明宁易得”外，再未查出“悖逆”的任何证据。

石杨名人

周存凤（？—1931）　林业工程师，自幼在家随父读写“四书”“五经”及《古文观止》等书，后来考入和县中学，以后又考入安庆（当时的安徽省会）省立第一农林专科学校，毕业时考取公派赴日留学，拟去日本学习农业。因其父母两房只有一个儿子，舍不得他远行，故未能成行。曾任小学、中学教员，安徽省立林场技师（相当于林业总工程师）等职，一度代理林场场长。

周存凤读书期间，民国政府开始重视林业建设，1915 年在安庆设立省立森林施业所，1919 年以后陆续建成一批省立造林场和县立造林场，专司营造国有林。他作为农林专业人才，经常到各林场指导调研，去得较多的林场是当涂大青山林场、含山县昭关、和县鸡笼山林场（1919 年，省里在和县设立林区，次年改为第二林场和县分场。1929 年，在鸡笼山增设第六林区造林场）。每次回乡考察，总是远远落轿，步行进村，行事低调，不愿张扬。周存凤的行事风格，影响延及后代，渐成家风。后因病回到老家，不久离世，葬于如方山麓。

杨啸锋（1892—1930） 原名成林，号笑风，和县绰庙乡坝沿赵村人。早年为杭州陆军步兵第八团候补生，1914 年考入保定陆军军官学校学习，1916 年第四期毕业。

杨家家产殷实，宅院深广，院中有“走马楼”。杨啸锋早年接受私塾教育，国学基础深厚，后投笔从戎，考入杭州陆军步兵第八团，为候补生，后升入保定军官学校四期生，与白崇禧为同班同学。保定陆军军官学校是中国近代史上第一所正规陆军军校。1912—1923 年，保定军校办过九期，毕业生有 6000 余人，当中不少人后来成为黄埔军校教官。1926 年，杨啸锋参加北伐战争，时为团长，属刘和鼎师长部下，1930 年牺牲于战场，骸骨未归故里。

杨啸锋青年才俊，文韬武略，冠于侪辈，约在 1912 年与乌江林散之（时年 15 岁）相识，后与乌江读书人士许朴庵、邵子退结为良友。杨啸锋与吴亚仙结婚时，林散之先生为其作嵌名联：“吴姬亚仙子，杨柳笑春风。”现存林散之诗集《古棠三痴生拙稿》中，有赠杨啸锋诗 14 首，写作时间约在 1912—1922 年，说明当时两人已经结识;《江上诗存》中，有赠杨啸锋诗 10 首，写作时间在 1928—1930 年，说明当时还有联系。在《江上诗存》中,《壮士行，次韵寄闽中杨啸锋二首》序曰：“杨啸锋，和县人，早岁入伍，参加北伐。”《雨后月出观潮二首》诗后自注云：“啸锋骸骨未归故里。”

秦圣荣（1900—1942） 绰庙社区人，革命烈士。1941 年年初，皖南事变发生以后，敌后抗日战争进入了最艰难的时期。活跃在绰庙集的北山新四军抗日游击队，同日军、汉奸及地方反动武装的斗争，也逐渐转入地下。中共地下党员、北山游击队队长秦圣荣，在绰庙集开了一家酒店，建立起秘密地下交通站，搜集情报，袭扰敌人炮楼，屡建战功。1942 年 8 月，秦圣荣的真实身份暴露，在大秦村秦氏祠堂被捕。面对敌人的严刑拷打和威逼利诱，他毫不妥协。后被押至全椒县古河镇枪杀，时年 42 岁。次年，其妻也惨遭敌人杀害。之后，敌人到处寻找当时只有 5 岁的儿子秦贤才，决意斩草除根，以绝后患。在乡亲们的保护下，秦贤才幸免于难。

曹重堪（1901—1969） 曾用名曹宣天、曹任夫、曹夔卿，和县绰庙集人，1918 年入宣城第四师范学校读书，1924 年肄业于南京国立东南大学，经恽代英介绍到江西安源煤矿工人子弟补习学校任教员。1924 年 6 月在汉冶萍煤矿公司俱乐部工作，9 月调往江西安源路矿工人俱乐部，由江声远（即李合林）、黄五一介绍加入中国共产党。不久，安源煤矿工人俱乐部解散，经长沙返回芜湖。1925 年 1 月，在芜湖团地委工作。10 月奉芜湖团地委负责人曹国云派遣其赴旌德梅村协助梅大栋开展农运，建立党组织，为支部负责人。1926 年 9 月，曹重堪根据国民党（左派）芜湖市党部意见，到和县筹备和县国民党县党部。

1927 年春，与中共芜湖特支负责人之一的禹子皑一起返回和县。他会同禹子皑、李筠仙等，于和城文庙明伦堂组建了第一个中共和县党支部，支部书记为禹子皑，重要成员有曹重堪、李筠仙、邓贤良、温亚伯等，受中共芜湖特支领导，这是和县成立最早的党支部。

1927 年“四一二”反革命政变后，以共产党人为核心的国民党（左派）县党部被捣毁，共产党人禹子皑、曹重堪等先后离县分散隐蔽，中共和县支部暂停活动。同年 8 月，中共安徽省临时委员会设立中共和县通讯处，由温亚伯（温万驹）任通讯员，经常同芜湖省临委联系。同年 12 月省临委解散，中共和县通讯处随之解散。次年 3 月，中共和县通讯处改为中共和县特支，受中共皖北特委领导。1929 年秋，曹重堪回和县，任高等小学校长，与教师秦玉导、工友滕德贵等建立中共党小组，但未与上级党组织取得联系。1932 年，曹重堪等离开和县，该党小组停止活动。大革命失败后隐居家乡教书。新中国成立后在芜湖任教，1969 年病逝。

李夕畴（1901—1960） 生于高关村小李自然村，十几岁后居高关街西马家洼村。当时在私塾读书，后期进入南京大学读书，毕业后任泗县县长。在任一段时间后，因种种原因回到家乡，到和县城西十里任教。不久泗县来函请求他返回泗县工作。几年后，到全椒县赤镇，给当时的国民党师长戚照扬任秘书，后期任中队长约十年。回乡休息不多时间，再到无锡市任市财政部秘书，直至新中国成立。之后一直居在家乡，务农为业，直至去世。

周先庚（1903—1996） 新农村金港自然村人。中国现代著名心理学家、中国实验心理学的奠基人。1916—1924 年就读于清华学校。1925 年赴美留学，1930 年在斯坦福大学生物学院心理系获博士学位后回国。1931—1952 年任教于清华大学，1936—1947 年期间曾任清华大学理学院心理系主任 9 年，是 1937 年首次成立的中国心理学会的主要发起人之一。1952 年院系调整后调入北京大学，直至 1996 年去世。

周先庚夫妇清华大学留影　　石杨镇政府 提供

二十世纪二三十年代是中国心理学发展过程中一个繁荣向上的时期，以周先庚为代表的老一辈心理学家用顽强的精神和艰苦细致的工作为后人奠定了坚实的基础。周先庚在基础心理学方面的研究包括汉字心理学研究、心理学理论与历史、普通心理学、生理心理学、实验心理学等。他关于汉字阅读心理的研究，是汉字心理学领域中开创性的成果。他在汉字诵读实验研究中发明了“四门速示器”，这个速示器有四个窗口可以各自横开或竖升，具有研究人类情绪的实际价值。他曾兼职于协和医学院脑系科一年，指导了皮肤电反射的研究，将皮肤电反射作为人类心理实验的客观指标，进行了中国最早的皮肤电测谎器的初步研制，指导研究生完成了《心理电反射及其史略》一文。1932 年，周先庚与牟乃祚编写了《初级心理实验》，由清华大学心理学系铅印供学生们使用，这是目前所知国内最早编著的心理实验手册。1951 年又进行了修订，供教学使用。

周先庚认为纯粹的实验心理学代表着心理学的科学性，但实验应用心理学或应用心理学更为重要。他呼吁国家和政府以及心理学界重视应用心理学的研究，同时把心理学服务于社会实践、为大众所接受看作是推动心理学发展的重要动力。他不仅是应用心理学的倡导者，而且也是一位身体力行的实践者，在工业心理学、军事心理学、教育心理学、颜色偏好心理研究、心理卫生与职业指导等重要领域都做出了重要贡献。比如，1935—1937 年，他参加了中央研究院心理研究所工业心理研究合作计划，在北平南口机车厂进行了关于职工提合理化建议的调查研究，试图从心理学的角度摸索调动职工积极性的途径，这是中国最早的工业心理实验研究，后来撰写了多篇报告。又如，1943 年冬，周先庚应第五军军长邱清泉的邀请，亲自赴军中考察军事心理问题，并为之筹划创办军官心理测验所；1945 年，受美国战略情报局莫里（H.A.Murray）的邀请，他率领西南联大心理组的师生参加中国伞兵选拔的心理测验工作。

1950 年，周先庚在中国心理学会全国总会上当选为四位常务理事之一，同年被聘为中科院专门委员和中科院心理所筹备委员。1982 年任《中国大百科全书·心理学》编委，1984 年任中国社会心理学会顾问，1985 年任中国心理卫生协会顾问，1986 年应聘为北京心理学会顾问。

樊正文（1905—1960） 樊正文出生在一个“悬壶济世”的药店家庭，他家住在金城老街北边。樊正文自幼聪颖，很有悟性。自私塾到高小，成绩优异，名列前茅。且性格刚毅，爱舞棍弄棒。他在绰庙高小毕业后，考取了全椒中学。在中学读书时，他尤其爱好体育运动，是学校篮球、足球代表队队员。又爱好武术，打一手好长拳、太极拳。中学毕业后，他考取南京金陵大学外语系。大学毕业时，恰逢国家连年内战，灾祸频繁，饿殍遍野，民不聊生。他叹曰：“大丈夫，当以铁蹄五千，纵横天下，安能伏案而作

樊正文墓志铭　　马维国　摄

博士耶！”遂毅然投笔从戎。

1928年他报考黄埔军校，成为第六期学员。毕业后，他被分配到江苏省保安团第九连任排长（驻镇江）。1937年“八一三”事变爆发，日军发动对上海的进攻。此时，樊正文已被调到八十八师任连长。八十八师驻扎在浏河一带，与日军对垒，双方阵地相距不到500米，竟鏖战数月。在南京保卫战中，守卫南京的国民党七十二军李元良部的八十八师，在这里进行了英勇悲壮的浴血奋战。朱赤、高致嵩两位旅长光荣殉国，其他团、营干部亦伤亡过半，在这种情况下，樊正文被指派为营长。他在战斗中身先士卒，多次率领敢死队，振臂高呼，杀入敌群，与敌人浴血搏斗。该师全体官兵由最初的六千人战斗到最后仅剩下四五百人，中国军队的鲜血染红了雨花台的每一寸土地。激战之后，樊正文收容了一支二三百人的残部，沿江追寻部队。

后来，他奉命调到河南，任务是保卫黄河大桥，保护陇海线和京广线畅通。在河南省兰封县（今兰考县），他率部与敌军又展开一场激烈的战斗。在这场激烈的战斗中，他们击毁日军坦克数辆，缴获枪炮无数、战马多匹。他还亲手击毙一名日军大佐，在其身上搜出全家照片一张，玉雕佛像一座。也正是在这场战斗中，樊正文负了伤，一颗子弹打穿其右颈锁骨。由于杀敌英勇，他又被提升为副团长，伤愈后被调到张治中部下任警卫团团长，先后参加了“长沙会战”“武汉保卫战”。两地相继失守后，他于1939年年底调至四川成都中央黄埔军校第三中队任大队长，后又任黄埔军校军战术教官。

1949年成都解放，黄埔军校溃退到四川雅安境内，在我党政策感召下，该校教师率领全体学生起义投诚，受中国人民解放军第二野战军四川军区的嘉奖。樊正文也接受了嘉奖奖状。组织上准备为其安排工作时，他要求解甲归田，告老还乡。获准后，他带着全家老小六口，千里迢迢，踏上回故里之途，过着耕者有其田的生活。1951年，在桥西村滁河边上执教私塾和石杨中学教书。樊正文在奉命抗击日军时曾作诗曰：

男儿挂剑出乡关，不灭倭寇誓不还。

埋骨何须桑梓地，人生到处有青山。

滕脉和（1907—1979） 字靖澜，号寓形生，绰庙集滕村人，是当地有名的私塾先生。滕脉和幼时家境艰难，12岁时，进私塾读书，自幼聪颖，通情达理。白天在塾馆读书，放学时放猪挖野菜。晚间，母亲纺纱，他借助昏暗的油灯温习功课。由于他勤学苦读，深得塾师的器重，同时也招来了纨绔子弟的嫉妒。辱骂之语、拳脚之苦，他忍之受之，默默向学。他曾经在被人欺凌后写下这样一首诗：“光阴宝贵似水流，财主三代不到头。男儿立下报国志，学不成名誓不休。”

22 岁时，他被西汤村聘请前去任教。五年后，又受东汤村民邀请前去教书。“卢沟桥事变”那年，为了照顾家庭，滕脉和回到本村设馆。此外，他还被小胡村设馆延聘多年。

1942 年前后，新四军第七师派五十七团政委马长炎到和含地区，江全大队驻石村庙，在绰庙集、八禁、张家集及江浦星甸一带开展游击活动。绰庙乡乡长吴万祥是其学生家长，由于他的介绍，滕脉和与江全大队大队长顾鸿、县委书记时生、主任李养吾、组织部部长樊西曼（女）、香北区区长杨铭、司令马长炎等革命领导有了工作联系。他接受了共产党的政治主张，以教书为职业，积极开展革命工作。

1944 年春，滕脉和一边在蒋口王村教蒙馆，一边开展秘密工作，他的活动受到原绰庙小学校长、国民党党员、伪县参议员曹曙堂的注意，并向国民党二支队队长柏承君告了密。随后，滕脉和被捕，被关押在善厚集大郭村。在敌人大队部里，他受到严刑拷打，遍体鳞伤、气息奄奄，但他咬紧牙关，保守秘密，不叛变组织，不出卖同志，最后由地方绅士和学生家长出面，大家筹款，将他赎回，结束了两个多月的铁窗生活。

滕脉和的一生虽然谈不上是波澜壮阔，但他作为一个知识分子，在时代的大潮中，最终走进革命的队伍，得以实现“洪炉滴水试烹煎，穷措生涯有火传”的心愿。

滕脉和留有一本诗稿《诗材草创》，一部小说《芸窗戏墨》。家中藏有范培开、许逸天、董兹国等书法大家的字画。藏书《纲鉴易知录》《汉书》《雪鸿轩尺牍》等，皆是他生前节衣缩食而购得。

周铁生（1916—1991）　名志刚，字铁生，周存凤之子。生于石杨镇高关村大周自然村。黄埔军校第十三期学员，中国抗日远征军老兵。

1936 年，考取国民政府陆军交通辎重兵学校第一期，即黄埔军校第十三期学习班。主要学习汽车驾驶及修理技术，兼学其他军事科目。7 月 1 日入伍受了六个月军事训练，由此进入军界。

1943 年 3 月，周铁生随机械化学校第三批飞印度学生队，由昆明乘 C−47 运输机远赴印度。

1943 年 7 月，周铁生到南京，由同乡同学卜涛介绍参加中国人民解放军。先后在二野军政大学训练部、西南军区炮校、第一坦克学校、南京军事学院装甲系任教（8 级教员）。

周铁生被分到战车营训练。这里原有两个战车营，尔后相继训练成立了五个战车营，于 1943 年年底和 1944 年年初，先后奉命向缅甸进发，参加缅北的对日作战。他到这里一星期以后，由于技术过硬，即被任命为战车第四营补给连连长，接着又被任命为第五战车营副营长等职。

周铁生　　和县档案馆　提供

赵元鑫（1926—2001）　曾用名赵钧，安徽和县石杨绰庙集人。1944 年入国民党黄埔军校重庆分校，为第二十一期学员，1946 年 10 月毕业，入成都国民党 128 部队 78 军警卫营，先后任排长、连长、上尉通讯技术员。

新中国成立前夕拒绝随蒋赴台。1950 年 2 月，回原籍参加土地改革，任绰庙乡政府文秘。1951 年，国家百废待举，急需专业技术人才。他通过应试，以优异成绩入选国家正式技术干部。其后几十年里，他发挥专业特长，先后在哈尔滨、长春、沈阳、抚顺、大连、兰州、合肥、淮南等地工作，投身于通信和给排水设计工作。曾任淮南市民革委员，为促进两岸统一做出了突出的贡献。

沈力圣（1927—1988）　1945 年 6 月入伍，参加 1947 年 1 月鲁南战役，后任排长；1949 年转业到地方；1957 年调到当时极为落后的绰庙乡担任乡长；1958 年，绰庙大旱，带领农民抗旱，车水翻越龙王山，浇灌庄稼。此壮举类似四战狼窝掌、开凿红旗渠，当时拍有纪录片《水翻龙王山》。

邢正权（1932—1991）　裕民村人。灾年帮助农民度过灾荒。1952—1987 年任裕民行政村党支部书记，1987—1991 年任绰庙乡企办主任。安徽省第六届人大代表（1983—1987）。在任支书期间，带领村民治理裕民圩，使荒滩变为良田，被评为安徽省劳动模范。

秦圣非（1935—1991） 绰庙（原幸福村）人，安徽省作家协会会员，知名作家。就读于和县中学，后考取华东政法学院（现华东政法大学）。1963 年由上海新闻出版社调回和县。先在银行系统工作，后调县文化局任局长，再至县委宣传部任副部长。发表多篇散文、通讯。1980 年由安徽人民出版社出版《星月集》，茅盾为其题写书名。1991 年因病去世。

赵纯海（1939—2001） 和县石杨绰庙集人，原籍肥东县，后逃荒到幸福村安家落户。1962 年参加原南京军区民兵大比武，在实弹射击中成绩突出，被命名为“神枪手”。同年 10 月，参加了中央军委在北京召开的表彰大会，受到中央首长接见。国防部奖励他当时最先进的全自动步枪一支（枪支现存和县人武部兵器库）。后任十里公社（现已撤销，并入历阳镇）人武部部长、幸福村民兵营长、支部书记、村长等职。2001 年因病去世。

胡业桃（1949—1970） 中国人民解放军模范共青团员，战士，安徽省和县石杨镇人。1969 年 3 月应征入伍，同年 6 月加入中国共产主义青年团。1970 年 1 月 25 日，照明电灯在战备施工中突然熄灭，他听到战友触电惊呼时，奋不顾身冲上前去救援，一把拉过电线。战友得救了，他却不幸触电牺牲。同年 11 月 21 日，中国共产党中央军事委员会授予他“模范共青团员”荣誉称号。12 月 27 日，部队党委根据他生前的意愿，追认他为中国共产党党员，并追记一等功。

名人与石杨

孔子讲学在石杨 春秋时期，孔子带着学生周游列国，在石杨留下了众多的传说。孔子周游列国路过金城庙，看到暮色将至，于是带着弟子们在大庙里投宿。数日讲学后，又带着弟子沿途讲学。行至杨石巷时，四面大山荒无人烟，由于急于赶到歇脚的地方，车子走得太急，一独轮车车轴被折断，一时车翻书落，独轮车又无法修好，只好将车子抛弃在一池塘边。当地百姓为了怀念孔子，将此池塘更名为“车塘”；将孔子在一山脚下讲学的地方更名为“孔夫山”；将孔子走过的桥更名为“孔夫桥”。

刘骏指点如方山　南朝宋大明七年（463），宋孝武帝刘骏登杨石巷的一无名大山时，感慨其如金陵之方山，所以对众人宣布此山名为如方山。刘骏在位期间，在政治、经济、军事上推行了一系列改制举措，特别是在文化上尊孔崇佛，恢复礼乐，金城、绰庙等地建起上百座寺庙，刘骏时常去如方山休闲。

朱元璋钟情高皇殿　参加郭子兴领导的红巾军时，朱元璋曾辗转于凤阳、滁州、和州之间，其中必经之地是石杨高关。石杨高关四周是山，又是朱元璋隐蔽躲藏的地方，朱元璋经常出没于这一带山区。

朱元璋取得政权以后，在定都的问题上曾反复考虑过高关，因为这里他地形熟悉，易守难攻，群众基础好。由此高关地名一时间被改为高皇殿，此名一直延续到现在。

林散之钟情迢迢谷　林散之，和县乌江人，1972年中日书法交流选拔时一举成名，赵朴初、启功等称之诗、书、画为“当代三绝”，被誉为“草圣”。

林散之与石杨绰庙盛家碶盛秋矩女儿盛德粹成婚。妻盛德粹贤淑达礼，善治家，使其专心文艺，相伴数十年，感情甚笃。

林散之为了追求学习戴重、戴本孝艺术，经常游历于石杨迢迢谷花园戴山区作诗、书法、绘画。

马长炎情系石杨山水　马长炎，江西乐平人。曾任第七师团政委，新四军和（县）含（山）江（浦）全（椒）地区游击纵队司令员，长期战斗在石杨地区，为新四军第七师建立奇功，深受石杨地区百姓的爱戴。

中华人民共和国成立后，曾任巢湖军分区司令员、步兵第九十师师长、水利一师师长、安徽省副省长。担任副省长期间，他力排众议，提出整治滁河，多次前往石杨亲自协调、指挥滁河建设，为成功整治滁河做出了重要贡献。

石杨当代名人选录表

表 3

姓名	性别	出生年份	职　务	主要成就
军政界				
樊太平	男	1924	绰庙医院副院长	黄埔军校二十一期军官生，毕业后被分配到上海空军地面警卫司令部步兵三团一营任排长、连长。新中国成立后，回家乡改行从医
卢成静	男	1933	铜陵市人民政府副市长、政府党组成员。1990—1995 年兼任铜陵长江大桥建设指挥部指挥长、党委书记	为铜陵长江大桥建成做出突出贡献，荣获安徽省“劳动模范”光荣称号。被国务院侨务办公室、中国侨联授予“全国归侨侨眷先进个人”称号
李永善	男	1940	铜陵有色公司技工学校校长、党委书记	曾被授予安徽省优秀宣传干部称号，在省内刊物发表多篇文章并获奖
周光富	男	1948	空军副政委，少将	曾连续四年被评为“五好战士”，多次被评为“优秀党员”，受到提前晋级奖励 1 次，荣立三等功 1 次。在军内外报刊发表数十篇军事论文。新疆维吾尔自治区第九、十届人大代表
许天锡	男	1953	巢湖市政协副主席兼工商联主席	2002 年全国工商联常务执行委员
周正言	男	1957	芜湖市外事侨务办公室调研员	1998 年 2—8 月，由安徽省委组织部选派到美国马里兰大学参加“安徽省首期境外高级管理人才培训班”学习。曾任斯洛文尼亚大使馆一等秘书，为中斯两国友好、宣传我国对外政策，发挥了应有的作用
汪帮宏	男	1960	北京市西城区文联党组书记	古陶瓷收藏鉴赏家，中华民间藏品鉴定委员会委员，清华大学特聘讲师，北京市书法家协会会员。兼任国际茶业科学文化研究会副会长、华侨茶业发展研究基金会高级顾问。被“西城讲坛”评为最受市民欢迎的十大专家讲师之一
盛　祥	男	1962	上海市委人事处处长	华东师范大学博士研究生
祖朝先	男	1962	武警安徽省总队安庆市支队政委	荣立三等功 4 次、二等功 1 次；在《人民日报》《人民武警报》发表文章并多次获奖

续表 3

姓名	性别	出生年份	职　务	主要成就
周正忍	男	1963	马鞍山市花山区委副书记、人民政府区长	为家乡建设与发展提供了很大支持
武启龙	男	1964	广东省梅州军分区司令员，大校	6 次荣立三等功，2011 年被原广州军区评为先进个人，2013、2014 年连续两年被原广州军区评为优秀参谋长
李明传	男	1966	国家发改委固定资产投资司副巡视员	在国家发改委工作期间，为家乡建设出谋划策，提供了很大的智力支持
国家级劳动模范、先进个人				
高如兰	女	1933	曾任金城乡副乡长	1952 年被评为安徽省第四届二等劳动模范，1957 年被评为安徽省第五届一等劳动模范。1959 年被评为全国劳模，并参加当年国庆在北京召开的全国劳动模范代表大会，受到毛主席、周总理等党和国家领导人接见。省人大代表
吴翠兰	女	1940	如方山林场场长	多次被评为先进工作者和优秀党员干部。1986 年，被评为安徽省“三八红旗手”。1988 年，当选为安徽省第七届人大代表。同年当选七届全国人大代表
陈恩先	男	1958	和县历阳镇第一小学校长	安徽省优秀少先队辅导员、安徽省青少年体育工作先进个人、全国青少年体育工作先进个人。自 1994 年起一直担任安徽省体育传统项目学校“黄山杯”乒乓球赛理事会秘书长
秦　锋	男	1962	安徽工业大学教授、硕士生导师、教务处处长，马鞍山大学副校长	省级教学名师、省级优秀教师、宝钢教育基金优秀教师、全国大学生科技作品优秀指导教师。省级教学团队负责人，省级教学名师工作室负责人。主编出版系列教材 6 部，多次获安徽省级金奖及全国一等奖，指导学生参加学科竞赛，先后获 Robocup 世界仿真 2D 中国赛冠军、伊朗公开赛亚军及巴西世界杯季军，五次获“挑战杯”全国大学生课外科技作品竞赛奖，其中一等奖 1 次、二等奖 1 次、三等奖 3 次。市政协常委、省人大代表
邵　许	男	1962	马鞍山职业技术学院党委书记	先后被市政府评为先进个人，被市直机关工委评为优秀共产党员。被市委评为优秀共产党员，被市委、市政府记二等功 5 次、三等功 1 次

续表 3

姓名	性别	出生年份	职　务	主要成就
樊志敏	男	1962	南京市中医院副院长	南京中医大学教授、博士生导师，中华中医学会肛肠专业委员会副会长，全国高等教育学会肛肠专业委员会副会长，江苏省中医药学会肛肠专业委员会常务副会长，江苏省卫生高级专业技术资格评审专家
喻长志	男	1964	马鞍山师范高等专科学校党委书记	曾被评为安徽省优秀教育工作者、安徽省全心全意依靠教职工办学的好领导、马鞍山市十大杰出青年。出版《马鞍山市近现代新式教育研究》等专著、教材 11 部，出版随笔集《教育与生活》。主持省级质量工程思政教学团队等项目，发表《大数据时代教育的可能走向》《非义务教育阶段多渠道投入机制初探》等论文多篇
董　斌	男	1966	石杨镇中心小学校长	刻苦钻研教学，教育教学成绩突出，具有较强的工作能力和组织能力，使学区教学工作一直处于全县“第一方阵”。有 20 多篇教育教学论文先后在省、市、县获奖并在教育教学杂志上发表。2007 年，荣获“全国优秀教师”“全国中小学优秀德育课教师”称号
郑礼龙	男	1970	姥桥镇党委书记	中共党员，2013 年任姥桥镇镇长，2017 年任书记。2016 年防汛抗旱贡献突出，荣获安徽省委、省政府表彰的“先进个人”称号。2017 年当选中共十九大代表
科教文卫界				
吴永如	男	1930	上海大学沪嘉汽车修理厂党总支书记	1958 年任上海市政协委员。1961—1966 年任华东师范大学代理机关党总支书记兼校总务处党支部书记。“文化大革命”中受到冲击，被下放劳动。粉碎江青反革命集团后，回校从事教育管理工作，1985 年上海大学为其颁发从教三十年荣誉证书
端木礼海	男	1930	画家	一生爱梅画梅，家学深厚，兼得“草圣”林散之等名家指导，造诣颇深，自成一家，是安徽省画梅名家，在画坛素有“江南一枝梅”的美誉。系宣城书画院首任院长，历任中国现代民族书画艺术家协会副主席、中国函授大学常务理事、安徽省书画研究会副会长。关心家乡教育事业，在和县一中设立“端木礼海教育梅花奖”

续表 3

姓名	性别	出生年份	职　务	主要成就
刘厚霞	女	1962	石杨镇绰庙社区裕民行政村人	任马鞍山市中心医院（原马钢医院）感染病科主任 20 余年。安徽省医师协会感染病分会常委、亚太地区肝病联盟安徽联盟常务理事、安徽省健康服务业协会肝病分会常委、感染病学会委员康复医学会肝炎分会委员、院协会抗菌药物合理应用专业委员会委员、马鞍山市感染病分会常委、安徽省医师协会感染病分会常委、亚太地区肝病联盟安徽联盟常务理事、安徽省健康服务业协会肝病分会常委、安徽省感染病学会委员、康复医学会肝炎分会委员、安徽医院协会抗菌药物合理应用专业委员会委员、马鞍山市感染病分会常委。获马鞍山市“劳动模范”称号
蔡成喜	男	1963	河海大学教授，硕士生导师	2002 年在南京大学商学院博士后工作站工作期间，被江苏省著名企业悦达集团聘为顾问，成功促成悦达与东风汽车合作，成功打造“东风悦达”品牌。同时担任南京“百家湖”房地产企业副总裁。2004 年博士后出站，获得研究员资格。同年入河海大学商学院，任教授、硕士生导师
		经济界		
樊志林	男	1955	上海梦泰实业股份有限公司董事长	为企业发展呕心沥血，做出突出贡献。关心支持家乡建设与发展
贾开明	男	1967	智云安科技（北京）有限公司董事长	科莱斯（天津）电热科技有限公司董事长，曾任常务副县长、市政府副秘书长（正处级）、安徽省江北产业集中区副主任。2014 年辞去公职创业。在企业任职期间，推动资本运作，企业稳步发展，2015 年安徽久工与上市公司乐金股份（股票代码 300247）并购，成功登陆资本市场。现在北京任两家公司董事长
韩道虎	男	1968	安徽乐金健康科技股份有限公司董事，安徽久工健业有限责任公司董事长、上海久工实业有限公司董事长	LITEC 久工和 HANSUN 韩尚品牌创始人，以及多家公司和知名互联网企业的投资人。公司产品主要销往日本、欧美及东南亚市场。领导的企业是安徽省高新技术企业、中国海关出口“高级认证企业”、中国按摩器具行业出口五强、中国按摩保健器具行业诚信十佳企业、中国按摩保健器具行业知名品牌

续表 3

姓名	性别	出生年份	职　务	主要成就
赵于勇	男	1969	恒信小额贷款公司董事长	先后创办蓄电池店、驾校、房地产公司，后从事金融事业。致富后帮扶家乡贫困户。曾任巢湖市、马鞍山市人大代表
李继平	男	1972	安徽骏飞文创科技有限公司董事长	安徽省标识行业协会会长、安徽省青年企业家协会理事、正和（安徽）执行秘书长、和县（合肥）商会副会长

革命烈士一览表

表 4

姓名	生卒年份	出生地	主要事迹
万欣祥	1904—1943	绰庙乡	1942 年参加新四军，在七师沿江支队任小队长，1943 年 6 月 3 日在全椒县陈浅乡战斗中牺牲。1983 年 11 月 11 日批准为烈士
周孝文	1912—1941	绰庙乡	曾就职于绰庙税务所，1939 年参加工作，1941 年在江浦陡岗被敌人杀害
倪天国	1915—1950	绰庙乡	志愿军班长，1949 年参加志愿军，1950 年在朝鲜牺牲
王道广	1919—1949	铸陆乡	团级干部，烈士，1949 年在定远藕塘大战中牺牲，有烈士证书
万兴发	1921—1943	绰庙乡	新四军北上游击队，战士，1941 年参加新四军，1943 年在全椒县陈浅乡因战牺牲
浦其广	？—1942	石杨乡	区小队通讯员，1942 年参加新四军，在江浦石桥被杀害
秦贤德	？—1944	绰庙乡	1942 年参加新四军，1944 年牺牲于江浦星甸
张炎海	1920—1951	金城乡	排长，1941 年参加新四军，1951 年在合肥城关牺牲
翁和贵	1921—1947	金城乡	连长，1943 年参加新四军，1947 年在山东枣庄负伤牺牲
刘恒林	1921—1945	金城乡	新四军游击队战士，1944 年参加新四军，1945 年在江浦病故
袁道生	1921—1946	金城乡	华东野战军战士，1943 年参加新四军，1946 年在山东枣庄牺牲
武文福	1922—1946	金城乡	新四军七师通讯员，1942 年参加新四军，1946 年在山东枣庄牺牲
圣元政	1923—1945	绰庙乡	新四军北上游击队警卫员，1942 年参加新四军，1945 年在江浦县牺牲

续表 4

姓名	生卒年份	出生地	主要事迹
吴万祥	1926—1948	绰庙乡	绰庙第一任乡长，1948 年牺牲，墓在西梁山
鲁德广	1926—1949	高关乡	华东野战军会计，1948 年参加新四军，1949 年在张家集牺牲
葛国柱	1956—1979	高关乡	37293 部队干部，1976 年入伍，1979 年在辽宁绥中县病故
李兴华	1958—1980	金城乡	铁道兵 142 营给养员，1978 年入伍，1980 年在伊敏线施工中牺牲

艺文杂记

石杨以独特的地理环境，丰富的自然资源，引历代名人雅士来此隐居、定居、观光、吟咏。唐代张氲、明代戴氏子孙等众多的墨客文士，纷至沓来，畅游赏景，撰文作画，抒发情怀，打造石杨文化品牌，形成石杨文化系列作品。徜徉其间，让人敬慕怀古。不仅如此，千百年来，百姓们口头创作了大量的民间故事、民间歌谣等艺文。这些作品，年代悠久，富有地域性，如一幅历史长卷，描绘古今风貌，呈现出石杨乡土文化特色与文化品位。

名人诗词咏石杨

过阴陵山

〔唐〕张祜

壮士凄惶到山下，行人惆怅上山头。
生前此路已迷失，寂寞孤魂何处游？

《历阳典录》卷四

阴陵

〔宋〕梅询

龙虎相驱逐，干戈事战争。
千重汉围合，一夜楚歌声。
凄凉七十战，散漫八千兵。
失道欺田父，穷途遇灌婴。
天亡终不悟，览古亦伤情。

《全宋诗》卷九十九

乌石山[①]

〔宋〕王安石

乌石冈边缭绕山，柴荆细路水云间。
吹花嚼药长来往，只有春风似我闲。

① 乌石山，州西北 25 千米。两山夹峙，路经其间，以多石而黑，故名。

腰疼山浮图下作

〔宋〕贺铸

兹山非峻极，名不载图谱。投策一跻攀，未觉病腰膂。
苍松带寒日，阴交层窣堵。俨然黄面师，粉绘色已古。
我贪五斗米，磬折向儿乳。复著鞍马劳，疲筋剧笞楚。
此身异金石，能涉几寒暑。诛茅结圆庐，晏坐此其所。
清心日焚诵，庶拔未来苦。望尘彼何人，碌碌安足数。

《历阳典录》卷四

登如方山

〔宋〕贺铸

楚郊十月尚闻蝉，傍道黄花亦可怜。
特上西山最高处，长安应在夕阳边。

题诸葛硔田家壁

〔宋〕贺铸

晚度孔明硔，林间访老农。行冲落叶径，坐听隔江钟。
后舍灯犹织，前溪水自舂。无多游宦兴，卜隐幸相容。

《历阳典录》卷三

屯兵如方山望鸡笼山

〔明〕朱元璋

罢猎西山坐拥旗，一山出地万山鄙。
崔巍巨石如天柱，撑著老天天自知。

《历阳典录》卷五

迢迢衖雪歌

〔明〕戴重

蜚廉鸣空茅屋破，滕六攘袂争我坐。
欺我长耳驴无毛，鞭杀僵蹄堕复堕。

留我穷山奈汝何，拾薪满堂烧火大。
田丁嘬口无粒米，胡麻下舂渣上磨。
乳狗揉播戏我脚，老猫畏寒床下卧。
炒饼拨烟破鼻香，我不著冻又不饿。
跛驴屋角缩尾睡，豆萁蕨叶饱细莝。
有风如箭雪如斧，积深压门断人过。
十日不出尚不死，笑弄雪花我何懦。

《历阳典录》卷四

迢迢谷中秋

〔明〕戴重

归家何所有，独我一飞蓬。釜在吴杭断，巢悬越燕空。
江南栖子弟，淮右满刀弓。十岁中秋月，何人笑语同。

《历阳典录》卷四

夹山关[①]

〔明〕戴重

危石蹲虎豹，深溪隐榛柞。
贼来不敢驱，北门有锁钥。

《历阳典录》卷七

思乡曲（二首）

〔明〕憨山

其一

门前高柳映清池，常记儿童戏浴时。
六十余年如梦事，几回犹动故园思。

① 夹山关，正德中，州同知薛祖学筑，以御刘六之乱。薛祖学字渭野，故亦名渭野关。

其二

青山一带绕河流，家住河边古渡头。
自小离乡今已老，此心不断水悠悠。

《憨山老人梦游集》

乡人至

〔明〕憨山

少小离乡不记家，回思往事总堪嗟。
故人犹想儿时面，枯木难开旧日花。
河畔柳枝垂晓露，门前山色带朝霞。
唯余此景年年在，不必从前问岁华。

《憨山老人梦游集》

游如方山（七首）

〔明〕释源远

其一

高峰不羡古丹邱，六合[①]纵横一望收。
绝巘九秋曾见雪，虚堂三暑尚宜裘。
月明登塔层层静，夜半看山面面幽。
客骑夹关[②]清晓过，定疑钟磬出云头。

其二

昭明千古事俱湮，辟此禅关几劫尘。
野菜竟如元圃药，老僧犹似太初人。
狮岩[③]人定浑忘吼，象阜[④]安禅不用驯。
山顶亦知标致好，每裁云月冠嶙峋。

---

① 六合，即如方山旧名。
② 夹关，即夹山关。
③ 狮岩，为如方山景点。
④ 象阜，为如方山景点。

其三

晓云抹出万山晴，去访招提自在行。
结伴振衣参六塔[①]，邀僧坐石话三生。
井胥细探金牛迹，溪远空闻赤石名。
一线长江通故国，赋归何处是樵耕。

其四

驿亭村圃乱云遮，渗绿峰头网亦霞。
石甃山蹊成绝磴，瓮留春雨候新茶。
鹿能爱角尝临水，燕独营巢戏掠花。
云里一般鸡犬吠，莫疑风味是仙家。

其五

山巅空阔恰如方，我一凭临倍慨慷。
夜夜古碑巾宿雾，年年老树沐斜阳。
草中地是前书院[②]，屋后幢仍旧讲堂。
惠远不知谁继得，迢迢深谷有柴桑。

其六

贫也何能更买山，此山邂逅独相关。
杖楮绝壁身犹健，屐染浓云齿易斑。
白筱绕庵如下拜，缁衣逢我亦知闲。
幽岩说有无名树[③]，不肯遗名与世间。

其七

峰蹲峦伏喜崭岩，险处谁能手共掺。
水策蹇驴驮乳穴，食招驯鸟候虚檐。

① 六塔，即六祖塔。
② 书院，即昭明书院。
③ 无名树，即今天的“气象树”。

支离佛事随人说，兴致诗辞信口占。
游览几朝还未已，更期休夏读楞严。

秋憩如方山

〔明〕杜如兰[1]

我来秋暮矣，扶杖踏苍霞。高岭多回雁，寒林少宿鸦。
饮霜枫面赤，戴月竹头斜。早有余年约，寻兰与斗茶。

《历阳典录》卷三

经如方山怀黄征君

〔明〕刘銮[2]

高岭泉游鹿，遥村树系犍。
如方山下客，耕牧十余年。

《历阳典录》卷三

课　农

〔清〕戴本孝

所营非近务，相命肄农耕。井灶有余处，林园无俗情。
酒能袪百态[3]，菊为制颓龄。遂令介然分，不为好爵萦。

《历阳诗囿》卷五

示学画者

〔清〕戴本孝

山体本苍莽，山气更超忽。
云霭其衣裳，草木其毛发。
木石如函人，奇节挺异骨。

---

① 杜如兰，明朝诗人。

② 刘銮，明朝诗人。

③ “酒能袪百态”，又为“酒能袪喟偬”，见《历阳诗囿》卷五。

天地一法象，笔墨万里窟。
秋窗动高怀，仰空何咄咄？

《余生诗稿》

苍鹰行

〔清〕戴移孝[①]

貂裘使者爱苍鹰，上马下马手自擎。
调练此鹰极辛苦，一日不擎毛病生。
背后银牌系铃子，綷縩红丝白鹇尾。
爱惜谁教折一翎，金针暗续真相似。
岁寒家栏毛羽换，锦鹰血眼光凌乱。
烹羊宰牛何足餐，试拏鸡兔与君饭。
朝向西山去打围，城头鼓角犹未归。
不愁日暮愁鹰饥，暂攫田间双伏雌。
君不见，村中翁妪饭不足，忍使苍鹰厌肥肉。

《历阳诗囿》卷五

惜　誓

〔清〕戴移孝

万古刀镮赤手磨，休将剑术责荆轲。
一门争死无完卵，三户偷生作楚歌。
不信青蝇还赐吊，堪悲黄雀自投罗。
行看沧海扬尘日，才见西山木石多。

《碧落后人诗稿》

从军行

〔清〕戴移孝

南山射猛虎，北海斩长蛟。
生平一双手，出门随所遭。
男儿丁乱离，安忍坐蓬蒿。

① 戴移孝，字无忝，生于明末清初，终生布衣，著有《前生集》《碧落后人诗稿》。

可怜太平人，低头弄钱刀。
草木同腐朽，乌知贤与豪。
父母闻出门，中夜起彷徨。
妻子闻出门，牵衣泪浪浪。
父母且莫悲，妻子汝何伤。
不见邻家妇，明珠为耳珰。
不见邻家女，锦缎裁衣裳。
一人出从军，门户生辉光。
若作闾阎民，此物来何方。
将军节制宽，不在身手强。
所遇但掳掠，财帛随持将。
将军千里马，见贼惟走藏。
我行谅不死，富贵犹可望。
胡为守耕农，日夜愁糟糠。

《历阳诗囿》卷五

醉歌同项犀水马云子戴务旃

〔清〕吴盛藻

上山看花下山老，春风不肯爱春草。
黄河之水清何年，寸心莫令千愁抱。
座无好酒无清歌，人生安得不蹉跎。
且喜今日风沙少，且喜今日良朋多。
博徒睥睨钱十万，酒徒烂醉为君劝。
一曲昭君歌未终，歌儿也似知悲怨。
边地宫商塞上辞，有声无字亦离奇。
五音何必皆全解，动得人情泪自垂。
击剑挥杯烧白蜡，干将莫邪丰城合。
顿觉塞外非他乡，倡和都忘谁问答。
少年知己各星辰，忍教相聚不相亲。
须眉纵老舌犹在，笔砚虽荒诗有神。

大白浮来罚尔汝，不见乾坤皆逆旅。
穷边酒外长物无，鸳雏何曾嚼腐鼠。

《历阳诗囿》卷六

戴鹰阿图

〔清〕石涛

迢迢老翁昨出谷，夜深还向长干宿。
朝来策杖访高踪，入座开轩写林麓。
细雨霏霏远烟湿，墨痕落纸虬松秃。
君时住笔发大笑，我亦狂欢起相逐。

《历阳诗囿》

戴无忝至自和州得务旃书

〔清〕王士祯

二戴历阳秀，久别恒相忆。如彼下濑鱼，溯流不相及。
时登吴越观，安得齐秦袭。忽见一书来，宁忘下车揖。

《渔洋集》

过虞沟游虞姬庙

〔清〕袁枚

为欠虞姬一首诗，白头重到古灵祠。
三军已散佳人在，六国空亡烈女谁？
死竟成神重桑梓，魂犹舞草湿胭脂。
座旁合塑乌骓像，好访君王月下骑。

《河村诗文集卷》卷四

插花山虞姬庙

〔清〕吴本锡①

美人幽怨何时已，千载重瞳共此悲。
春竹成斑愁帝子，野花如血泣虞兮。

① 吴本锡，和州学正。

不知插鬓为谁好，无限伤心在易萎。
日暮阴陵烟四合，九嶷何必定湘湄。

《寄云楼集》《虞姬庙诗抄》

鲁妃庙

〔清〕孙枝蔚[1]

家国从来有废兴，主恩似海命如冰。
乌来庙口歌春曲，姥拜神前献夜灯。
白首羞同吕公女，赤眉能掘汉朝陵。
芳魂千载惟余恨，不劝君王用范增。

《溉堂乐》

夹山关

〔清〕杨继芳[2]

常道出门好，逢山眼倍青。
峰多红日障，路曲白云停。
倦鸟归深树，流泉入草亭。
野人眠正稳，游子为谁醒。

《历阳典录》卷七

偕孟朝汉[3]登如方山

〔清〕张栗庵

一山高出万山颠，俯视频惊协运迁。
大好河山容佛卧，无端禾恭冷齐烟。
人间易换嘉平腊，世外难留太古年。
只合与君同避地，夜兰相对耸岭肩。

《观复堂诗文集》

---

① 孙枝蔚（1620—1687），明末清初陕西三原人，字豹人。世为大贾。
② 杨继芳，和州知州，清朝顺治十六年（1659）游此山。
③ 孟朝汉，当地处士。

和内兄盛峻居春雨读杜诗及咏自鸣钟原韵

林散之

嫩柳依依烟雨中，雪山迷离叹空蒙。
杜公千古为诗杰，紫韵红腔造化穷。
授时苦志效陶唐，旋转玉衡幽兴长。
清韵一参天下应，馨名日月共争光。

《古棠三痴生拙稿》

散文选录

插花庙田碣

〔明〕戴重

和州东北七十里，为阴陵山。西楚项王失道处也，山之阳，有小峦，名插花山。山有庙，庙有女神，以祷子孙辄应。方春三月，男女远百里，奔走于庙，或报者，或祈者，皆插一花以识之。插花满山，故土人以名其庙。予尝一过阴陵，问父老，项王故事。曰：有耕泽中者，得铁镞数寸，犀利不蚀，簳漆如丹，若新折者。藏之家祠之如神，又有饮马泉、断刀石，尚在。予皆未及观。因问插花庙，何神女也，曰：神女名鲁妃。不知所始。予思之，悟曰：此固虞兮庙耳。盖项王为鲁公，故虞为鲁妃也。然土人未有知者。予特悲，虞遭时不利，毕命垓下，宜其幽愤不可没。没也，而犹为人谋子孙，不亦怪乎。岂有物凭之者与庙之祝者，求田于太学生张某某，与之田，七亩。曰：汝毋私粥，我毋私复，遂请予，以识之石。或他日再过，当复一观也。河村戴某。

《河村集》卷四

推官戴公传

〔明〕刘城

戴公重，字敬夫，和州人。远祖仲礼，当至正乙未高皇帝取和阳时，率义兄弟归其军，从征有功，授贵州普安卫千户。仲礼不乐仕，命子来与接补。洪武三年，遂给仲礼户帖，籍历阳乡之西河村居焉。

公儿时，好拥兵仗，作行阵击刺状。父谆戒之，私为《好武论》千言以上。年十五，补州诸生。父卒，事祖母、母至孝。师事江浦郑先生朝聘，为圣人之学，屏居西庄，悉焚故业。静坐长思，言动有法，然诺取与，砥行修名，彬彬儒者，而好古穷经，谈王霸大略，不为迂谨。郑疾，诣浦塘侍药。及卒，为位而哭，制心丧，率众筑舍祀之。

诸父澯，通判温州，归，与仇家哄于州堂，暴卒。抚其孤，破产为复仇讼，不为强御屈。以是留滞濠、淮间。每抚事伤时，登山北眺，辄痛哭，归，以所闻见告母，相与叹曰："被发而祭于野，不及十年，此其戎乎？"欲奉母如江南亲戚，舅弟特以为避仇也，沮之力独，惟母信之，遂行。至南京西安门，居二年，而母卒。

乙亥春，贼犯州境，渡江至和州河村，悉举族，殡葬之。以宗族兄弟之家移江南，劝亲识急徙，皆不听，挈弟子数人而南。十二月，贼果陷和州，屠焉。从公言者皆得免。明年，丙子正月，贼去。复渡江，哭所亲，多解衣营其葬。

旅南京，凡五年，以贫故，五徙其宅。见中原州郡相继陷于贼，太息曰："大乱已至，一身将老，寂寂如此，岂不痛哉。"仰天击剑，每抚弓，作霹雳声，慨慷悲歌，发短耳热。复卜居横望山者五年。徙铜井，壬午应试，又被放。即欲上书，请巡幸关中，为同学鲁可藻所止。其说曰："建州比数有嫚书，度今年冬，必犯畿辅，倘一旦南牧，国家即欲迁陪都，其道蔑，由致早幸关中，或不为流贼所有。天子据河山之固，自将待边，可东距山后诸部。且潼关七八日可抵凤阳境，其势未尝不与旧京相连络。某为是说已十年，今其时矣。"人或笑之。是年冬，建州部大入畿南，公又浮舟石臼湖。

甲申，李贼陷京师，福王即位于南京。天下汹汹，共仰新政，士大夫在籍者，争欲得好官耳，无讲复仇者。应天巡抚程公世昌，聘公入幕，尊礼之。叹曰："戴先生仗节死义之臣也，汲汲欲上书自效，恐其颖，立见。"未几，公以甲申岁贡廷对，虽应制，经义语多，直切。马、阮欲置之左春坊，赵公士春独为得人，庆力争之，策第一，定职推官。部中欲诛厚赂，乃得美郡。公笑曰，"臣草莽，臣素矢以不欺报吾君，何敢始。"即以倖进。马士英之客耳，戴先生名，屡招致，偶见公所蓄澄泥砚。遽曰："有此可择脂膏地"强之谒士英，公谢曰，"相公黄金、白璧高于山，服饰器用何所不备，奚此为？今异姓通侯、同姓郡王以下，无敢骤通名于相公者，奚有一明经乎。”大笑，不肯往。而以刺谒都察院刘公宗周，为陈时政得失，援古今大义，当以复仇雪耻、表忠戮叛、作中兴之气为急。刘公方坐党祸去国，惟与流涕而已。

公亦归石臼。宣城麻君三衡，以书约公，依湖山，结水砦，以待变，不果。乙酉春，复至南京。宁南侯左良玉，已称兵向阙，乃于三月十九日与鲁可藻聚，数十人，哭怀宗皇帝小祥于南郊，闻者感泣。巡按河南御史凌公駧，因阁部史公幕客，致书于公，以前席待。公戒装，而凌誓节，凶问至。公读凌绝命辞，洒洒再拜，以泣曰：“天不使我从公死，宁复有待耶？”四月，朝廷为南防左，北防边纷纭抢攘中，诛党人，除异己，鬻官爵，不少休。而公亦注选湖州推官，奏上未及报可，改廉州。而公先是还石臼，会程公世昌。得罪阮大铖，罢职，不得次，代次高淳，将移家湖州，趣戴公同刘城偕往，则乘舆播迁者，数日矣。程公抵后林，主潘氏潘国瓒者，公同贡士，交善，以戴山之庐馆之。刘城则又走嘉兴，遽还池州。而程公尚手握敕印，乌程诸生上书戴公，曰：“程公深受国恩，宿有民望，天未弃周，人犹思汉。今天子敕印尚在，不以勠力王室乎？诚宜假我列祖之威灵，以号召天下豪杰之士，东收吴会，南连闽粤，乘间疾取，此目前之可办者也。”公因其语讽程公。程颔之，起而叹曰：“公言是也，能无泣下。然师兴无饷，必因粮，因粮不能无，难易得失也，请少闲。程公拘拘尺寸图万全。”公亦不复言。

六月，北兵入苏州，旋至湖州，持北檄者，皆汉降官。湖州则一亡赖书生，挟二三仆，似丐。奉片纸，受大郡降，如欺小儿，往往皆然。湖州守者，逸其属，以城迎降。公遂与太湖义师，拥楚藩通城王盛澂，起兵。至湖州，执降者磔之。时大将黄蜚、文臣吴易，各拥兵万余于吴江，屡挫北兵。道臣钱棅，亦敛舟聚众以待，公复至后林，怂恿潘国瓒等，曰：“成败利钝，非能逆睹，大义所在，死生以之。今通城王既身任军事，庶使志士知所向往也，君家世受国恩，岂宜坐视？吾愿与君更为一旅，出奇制胜，以应之。疾趋钱塘，复杭州，以作其气。”通城王闻之大喜。洞庭山蔡允心，侠士也，破家十数万，以从于军。公命军中皆缟素，舟楫器械皆备。有王元震者，字长卿，短小精悍，胆力绝人。受公方略，率乌船数十艘，截击北兵。北兵大败，殁于水死者无算。公军昆山会师，及夕，大风雨，缆绝。夜半，中军牙纛折，船悉吹散。公击楫赋诗，涕泪，谓元震曰：“自与君克举大义，马革裹尸，所宿愿也。恨未与敌决一死战，而天意如此，不亦悲乎？”语讫，舟至后林。将以明日，收散旅，入洞庭山，与蔡允心会集长兴。黎明，北兵猝至国瓒家，围焉。公亟出，北兵望之即射，公立以佩刀断之三矢，皆不中。元震战于舟中，公急从之。有人自左射公，羽半没于腹，公不动，北兵不敢近，亦不知为公也，舍之去。公乃自拔矢，出其镞。按创走十二里，颜色不少变。遇军中同事生严启隆，亦伤其颅，以逸舟载公，至计村，夜下血数斗，裹创七日，始归东林山。先是，程公自后林迁东林，得免焉。元震为北兵所获，械送湖州城，以所得符檄鞫之，穷其状，曰，“是奚为者？ 但言之，即贷尔死。”元震骂曰，“蠢子岂不知此，皆我所为耶？将以此符檄攻战，具约豪杰恢复。”北帅大怒，元震骂益厉，被支解死。公与国瓒得全，少苏，乃作《死问篇》。援古岑君然、来君叔，及孙文台、刘越石以自况。

子本孝、移孝扶父闲关归和（州）。创复剧，远近赍参苓，以供药饵者不绝。时居马鞍山寺，偶语子移孝曰：吾从负创以来，究知大道，今试示尔，以死期尔，默识以俟可也。疾方革，创始大溃，遂绝粒不复食。命本孝、移孝等曰：“尔兄弟祇宜固贫力学，或习医卜以隐，万万不可学举子业。其守我将死之言。”复援笔，作《绝命》十五章，手疏，与儿子数十则，胪分缕析。凡所谓植身正家之道俱在，无一语及私。且曰：“我死，第殓以常服。此我自吴兴以来，血肉淋漓，庶以上觐先帝于九京耳。”及期，端坐，正衣冠而没。年仅四十有五，葬鹰阿山。

公修臞而神王，乍望见之，若深山穷谷一老叟，而蕴藉宏深于文章。好韩非子，诗宗杜少陵，篆则李阳冰，草书出颜鲁公，楷法、绘画自成一家。象纬术数、本草稗官，莫不殚究。与人书不数言，未尝作唐以后语，性纯一，虚怀、好善。人咸惮其刚，人有过，惟恐戴公知。久之，不言而化，所吐辞，奉若箴铭。少以贫故，谈经自给，不赫赫好名高。上自士大夫，下而野老，未有不心折者。生平转徙不常，州之人挈宅百口从之游，历兵戈祸难不忍去，其得故乡心如此。又机警，有先知，决事每在十数年之前，莫能晓。慎于择友，莫逆交不数人。晚而同难者亦不数人，其同学鲁可藻，自宁乡县令擢御史，官湖南，勠力王事。公之死，念之亟，而不知其详云。

所著《河村文集》八卷，《哀泮宫赋》《村塾记》《历阳湖记》《周侯忠烈庙记》诸箴铭尤传于世。《诗藁》十卷，《师陶》一卷，《诗余》一卷，《韩文编年》五十卷，《陶诗考异》五卷，《历阳开天记》一卷，《族谱》十卷，《年历》一卷，《死问篇》，有韵之言，编诗集中。

刘城曰：宏光四月，望南都，竟传日五色，敬夫同余视之，但见日中黑晕耳。敬夫趋吾去国，客湖州三泱。旬余，既归，而敬夫起义矣。十月，程公世昌书来，曰：“敬夫与潘蔡诸君甫，建朱旗，辄中矢，被创以归，痛哉！”余序次其文学，节议之大迁徙，卒葬之。详著之篇，曰《推官戴公传》，以告来世。夫敬夫，历阳布衣，自持静正而所为，足以垂于后。若此，岂不甚，可诵法哉？撰明史者，置敬夫于忠义，文苑间，何择焉？而余诚愧后死矣。

复社中，江南死义者多人。余概欲为之传。次尾而外，如麻孟璇三衡、沈景山寿峣、夏彝仲允彝、陈卧子子龙、孙克咸临、江文石天一、徐九一沂、杨维斗廷枢、黄蕴生淳耀、顾子方杲，吾友也，皆未得其家状，不能成传。丁亥春，戴敬夫次子移孝，以僧服，走峡川，沥血蒲伏，备述其先人湖州事，合生平核之逾年，始克为之传，率意挥毫，其逸事，小节不书也。庚辰秋，敝邑胡君士瑾令乌程，有墨名，延敬夫为吴兴游，辞不往。乙酉春，宁南侯左良玉，闻敬夫名，欲聘为楚砦长，辞不就。夫不往乌程何足道。使冒昧应左聘，将何以终。敬夫尝与楚友交甚笃，友远游，家童与其妾侍通。友归而觉，以告敬夫，敬夫方卜居横山，佯假其童以往，杀之柳山。敬夫伤世愤乱，尝慕张乖崖之为人，故行事若此。往年，有告我者曰，“总镇黄蜚或语人曰，今非拨乱时，十年后马将军进忠、戴先生重，共举事，方有升平之望焉”。或曰：此诚意伯刘孔昭语。噫！蜚死矣，敬夫又死。孔昭与进忠，吾乌知其存亡哉，诸君之心事，则昭于白日矣。戊子六月二十四日存宗跋。

《河村诗文集》

碑文选录

马鞍寺鼓铭[①]

〔明〕戴重

北山有鼓，声闻百里。一闻而汝誉，再闻而汝诡。赐之绣裳车，而汝徙门不可容，而不可毁。引之绠，而升之垝。其重千石，千夫不起。咄曰，妖革乃乐山，而恶于市。

---

① 序：山颠负石，如鳞鱼，然色绀而稜犀。或有石穴，可出入。其阳则迢迢衕，其阴则清水坝。寺在其北麓之半，一名北普明寺。林密泉美于古无可考，有鼓制特大，相传击之声闻百里。州太守欲取之，至郭门不可入，以系城重不胜举。守怒杖而归之。其声失焉。予观若鼓虽大，何至毁郭而后容，盖忘也，或曰，故鼓已败，此非其鼓矣。予为之作鼓铭，以传其事。

夏楚二物，以为汝耻，锢汝北山，以御豺豕。於乎，鸣不如喑，远不如迩，丰厥形败之以美。厥声罪之始，胡搰我之皮，而悦君之耳。鼓乎？鼓乎？始以之自祸，而终以自祉，以为北山之鼓史。

《河村诗文集》卷二

宿鸡心山先墓记

〔明〕戴重

鸡心山先墓，距州四十里。前曰大镬山，后曰乌石山，左曰掉尖山，鸡心山特小居其中。东麓之别，有小峦，曰小山；而西麓之别，有支阜曰戴冈。冈下一村，与予同姓，非同族也。横溪之东流，曰：冷水涧。涧之溢，有两山夹之，形家谓如日月状也。鸡心山垄，即先曾祖考妣、先祖考妣之墓，山阴有静观寺故址，阶阛隐隆可见，塔石硗确有仅存者。其背即乌石山，山皆是空洞。是日，重登墓而哭，彷徨瞻顾，思先君子之所以安我祖考者，如此，予不孝，不能继志，以克大事，罪莫大矣，不胜哀焉，以病留二日。

《河村诗文集》卷一

母子铭

〔明〕憨山

母子之情，磁石引针。天然妙性，本自圆成。

我见我母，如木出火。木已被焚，火元无我。

生而不恋，死若不知。始见我身，是石女儿。

《憨山老人梦游集》

传说

朱元璋为何未在如方山建都

朱元璋登基后定年号为洪武，所以又叫朱洪武。据说，当他夺得天下之后，见如方山一带地脉、风水都很好，准备在这里建都。如方山，原名玉花山，因山腰至山顶长满了梨树，每到春天，梨花似雪；山顶岩石又洁白如玉，所以，周围的百姓们都称此山为玉花山。玉花山上住着一百多名和尚，有大小寺庙九十九间，白壁耀眼，耸入云端。老百姓祈求上天恩赐，勤为敬香，求仙拜佛，和尚们修身养性，朝朝念经。不问盛世还是荒年，都与寺庙无关。就这样梨花开、梨花落，年复一年，和尚们清静地度过了一百多个春秋。这年，朱元璋忽然要在此地建都，并限期七日要和尚们将寺院迁走。老住持于静和尚听到此言，非常吃惊。他舍不得离开这块风水宝地，但圣命难违。这天晚上，他暗地召集全寺和尚共商良策，希望想出既不触犯皇帝，又能将寺院保住的办法来。一个和尚说："要想保住寺庙，就要设法让皇帝在别处建都。"你一言，我一语，大家议论着，忽然老法师一拍大腿说："有了。"于是叫小和尚弄来几十根毛竹，捣通竹节，叫小和尚一人拿一根，分别伏在玉花山北边的几个洼子里，等到半夜三更，要他们拿起毛竹筒子吹起来，直到拂晓前回庙。时值半夜，玉花山北面传来一阵粗重、低沉的毛竹筒声，犹如狼嗥虎啸，令人毛骨悚然、心惊胆战。朱元璋从梦中惊醒，听到这阵阵怪声，心中确有些胆寒。忙找来刘基问道："这是何物在叫？"刘基说："听小和尚说此山野兽甚多，这阵阵叫声，想必是狼在嗥，虎在啸啊！"朱元璋惊道："呀！此地乃虎狼之窝，这如何是好？"刘基本不愿意在这建都，见朱元璋面有惧色，奏道："主公，臣有一言，不敢明奏。"朱元璋道："直言相谏，恕你无罪。"刘基说："此山藏狼卧虎之地，野兽群居之所，虎狼亦猎家禽家畜为食，禽者鸡鸭，畜者猪羊……，下言……臣不敢直说。”朱元璋：“哎！贤卿何故吞吞吐吐，但言无妨。”刘基低声说：“恕我斗胆之言，主公姓朱，这朱与猪同音，与虎狼犯冲。依臣看来，我主若在此建都，是凶多吉少啊！望主公三思。”朱元璋听奏十分惧怕：“爱卿言之有理，但不知何处建都为宜？”刘基说：“可在江南名城南京建都。”朱元璋听奏，遂率文武百官，工匠大师等至南京建造宫殿。登基后，朱元璋仍怀念玉花山。因玉花山同南京方山相似，他便封玉花山为如方山。如方山北边的几个洼子分别封为狼头洼、老虎洼，这些地名延续至今。

历代相传：明朝皇帝朱元璋来到这儿，当他登上这里最大的山头——如方山时，向四处看了看感慨地说：这山很像江东南京的方山，因此而得名如方山。他察看了四周，见夹山关，有一夫当关、万夫莫开之势，是个军事要地；夹山周围，景色优美，气候宜人，是个风水宝地。他对此地很满意，一心想要在此建都登基。后来，因为大臣们的反对，又打听到北面有个叫二郎山口的地方，心想，我姓朱，二狼张口，那还有我安全的地方吗？于是就起兵石头城（今南京），在那儿建都、登基了。

《和州民间故事》

朱元璋枣林岗收大将

枣林岗，位于石杨铸陆行政村西侧与善厚交界处。据传，元至正十五年（1355），朝政腐败，天下大乱，处在水深火热之中的各地农民纷纷起义。二十三岁的常遇春适此啸聚绿林草泽中，从刘聚处带出十几位兄弟，一路坎坷，风尘仆仆来到和州，准备投奔朱元璋。当他们一班兄弟来到如方山脚下时，人困马饥，就在山脚下的田埂上睡着了。常遇春睡梦中见到了朱元璋，便向朱元璋请求收下他。朱元璋对他说：“你是因挨饿，才来归顺我的。你有旧主，我怎能不顾情义收留你呢？”常遇春听罢心里十分难过，无可奈何只得咬紧牙关，低着头流着泪向朱元璋发誓时，被一阵急促的马蹄声惊醒。常遇春醒眼一见，朝廷重兵越过滁河来和州追杀一队人马。这队人马正朝自己这边奔来。常遇春一看，大吃一惊，此队人马正是朱元璋的队伍。

朱元璋起兵时，经常在和州一带招募兵马，冲击官府，打击豪强，声名大振。当时朱元璋势力虽大，但实力不强。朱元璋在元朝廷重兵剿杀战斗中失利，被朝廷官兵追杀于此。朱元璋队伍节节败退，朝廷官兵穷追不舍，当官兵追到如方山西侧枣林岗时，常遇春当机立断，用调包之计诱敌，倒拔起路旁一棵枣树，用马拖着，与朱元璋相反方向奔跑。一路上马蹄声响，尘土飞扬，有意要把追兵引向路东黄河（现在指黄河自然村）方向。此时，常遇春的一班兄弟和家住余姚村的余大海一起假装聊天。余大海一边聊天，一手抱起一头水牛，给牛洗脚，高大魁梧的常遇春用石捣臼戽水，帮助余大海冲洗牛脚，都以力大无穷之势，挡在了路中央。当朝廷官兵追至于此，无路可走。官兵问道“刚才的兵马去哪里了？”余大海顺手向东一指。东路，正好东路尘土飞扬，追兵们坚信不疑，加紧追击，一直追向东黄河边，也未找到朱元璋的队伍。于是就在崇山峻岭中搜寻朱元璋。

再说，朱元璋的队伍被朝廷官兵冲散了，自己骑着一匹枣红马，一路奔逃，逃到如方山脚下的关帝庙，感觉到人马都累了，于是停下马来歇一歇。刚停下，追兵就从后面步步紧逼上来了。朱元璋不忍心再让心爱的枣红马继续奔逃，牵着疲惫的马跑到关帝庙前。只见破庙洞门大开着，庙内空无一人。敞开着的庙门口，积了一层厚厚的灰尘，许久没有人来过，也没有人进去过。追兵的马蹄声已经能够听得到了，而且马蹄声越来越近。朱元璋走投无路，于是对天长叹一声说：“唉！我朱元璋命该如此，遭此绝境吗？”说着，他将马拴在庙前的大树上，自己踏着满地的灰尘冲进破庙里。说来也怪，朱元璋踏着关帝庙门口厚厚的灰尘冲进庙里时，地上一点痕迹也没有，就好像没有人踩过似的。朱元璋并没有注意到这个奇迹，他急中生智，冲进庙里以后，也顾不得庙里厚厚的灰尘，蹲在香案后边，将自己藏了起来。追兵找到了关帝庙前，见朱元璋的枣红马拴在树干上，认定朱元璋没有走远，就在附近仔细搜索起来。当搜索到关帝庙门口时，看见破庙门蛛丝网连片，地上积着厚厚的灰尘，没有人踩过的脚印，以为无人进庙。追兵在四周搜索，搜了几遍也没见朱元璋的影子，他们想朱元璋一定是弃马徒步潜逃了。于是，他们又赶紧向前追了过去。等了许久，追兵走了，庙门外没有声音了，四周静悄悄的。朱元璋想追兵已经走远了，便从香案底下钻出来，走出庙门。他警惕地看看四周，看见那匹枣红马仍然拴在树干上。

朱元璋在此免遭一劫。当朱元璋得知被常遇春、余大海相救时，待追兵退去之后，就此收留了常遇春、余大海两位大将。之后，朱元璋同常遇春、徐达、汤和、李善长等人，全副甲胄站在杨林渡口的高坡上。天气很闷热，他们不时抬起手，抹一把额头上的汗珠，一队队士兵鱼贯登上战船。准备渡江攻元。

此处至今留有明代大将余大海的洗牛蹄池子、古井，东山脚下孙村有大将常遇春的大脚印、关帝庙等。

改写自《明史》

高皇殿的传说

高皇殿又名高关，位于如方山下，原本是迢迢谷中的一条无名小街，因朱元璋的到访而声名鹊起。元朝末年，朝纲紊乱，经济萧条，灾祸连年，民不聊生。朝廷的横征暴敛，更加激起人民的不满。民心思变，民谣四起："天雨线，民起怨，中原地，事必变。"河南民谣是："天高皇帝远，民少相公多，一日三遍打，不反待如何？"淮楚地区的童谣是："富汉莫起楼，穷汉莫起屋，但看羊儿年，便是马家国。"朱元璋濠州揭竿起义，振臂一呼，万众响应，拥戴为帅。当他率兵南下克滁州计取和州时，途经石杨，屯兵如方山，扎营迢迢谷，大本营设在原小街的一座古刹之中。一日，朱元璋巡视四周，群山环抱，层峦叠嶂。东有夹山关据守，大有"一夫当关，万夫莫开"之势。北有如方山为屏障，高不可攀。梁武帝萧衍、刘宋孝武帝刘骏皆登山眺望，可谓胜地也，虽非虎踞龙盘，但适宜建都。朱元璋遂召集谋臣武将议论建都大业。曰："此时山河破碎，民怨载道，不可劳民远征。"众将云，此时不应与江南陈友谅划江而治，应吸取刘邦、项羽划"鸿沟"之教训，逞士气之旺，一举削平群雄，统一国土。同时，众将还以当地民谣"滁河水，向东流，财主三代不到头。七个山，八个头，山中有个二狼口，此地不可留"告之。朱元璋经说服后，拔寨起营，取道和州，渡江采石，而下江南。后人将朱元璋所住寺庙称为"金銮殿"，谓古小街为"高皇殿"。

由此，高皇殿闻名八方，远近商贾，纷纷涌来，市井繁荣，人声鼎沸，青石土街，足音不绝。

《石杨揽胜》

杨石巷的名由

石杨街道，古名为杨石巷，地处和县西北地界，北以滁河为界，与全椒隔河相望，距官渡渡口五华里。据说两百年前，这里居住着一户姓杨人家，子孙兴旺，顺势向东发展，房屋分两排对盖，建起了几十座大宅子，形成了一条巷子。杨氏家人为了便于人们雨天行走，在附近山上开采石条，铺设巷子，故名杨氏巷（又名为“杨家巷”）。由于这里山清水秀，土地肥沃，人们生活富足，民风淳厚，来这儿落户的人家逐年增多。后来，一户周姓人家也兴旺起来，人口多而强盛，成了这里的大户。周家有了势力，就想方设法霸世称雄。他们说，“羊与杨同音，羊在自家的巷子里有吃有喝，我们非把你这个地名改掉不可。”于是，他们买通官府，把杨家巷改为杨石巷。意思是，看你们这些“羊”在石头巷里吃什么？说来也怪，从此，杨家就一蹶不振，再也兴旺不起来了。“杨石巷”的地名就这样传下来了。一直到新中国成立后，才改名为石杨。

《和州民间故事》

神奇的霸王泉

石杨与全椒交界之处的绰庙有一座大山，人们称之为阴陵山。

阴陵山山峦起伏，树木葱郁，云雾袅绕。在山之北侧，山脊梁上有巨型的青石一块，石高约四米，宽约八米。青石呈月牙状突起。青石下有一泓清泉，清澈透明，不断地流淌着，人们称之为霸王泉。

据传，在楚汉相争之时，楚王项羽兵败垓下，单枪匹马，逃至山峦起伏的阴陵山（插花山）。时值夏日，天气炎热，人马连日作战，长途奔杀，饥渴难忍。项羽跳下马来，想找点水润润口、饮饮马。他找了几个时辰，跑遍了整个阴陵山，连一滴水也未找到。他垂头丧气，拉着战马，来到一块大青石前面，极目朝山下望去，又仰天长叹：“难道这是我的末日吗？天诛我也！”说着，他拔出腰间佩剑，向青石下一刺。力拔山兮气盖世的霸王，此剑刺下去，不知使出了多大的力量，佩剑竟刺入青石半截。少歇，他只好拔起剑，打算再赶路。就在他拔剑之时，一股清凉泉水，喷涌而出。项羽顿时转悲为喜，大声疾呼：“天助我也，我项羽回江东，重整旗鼓，还可东山再起，与刘邦再决雌雄。”项羽喝足了水，又给战马饮水，那战马十分高大，有“神马”之称。战马见水时，一时迫切，两只前蹄，踏石巨响，石上留下蹄印半寸，直到今日，还隐约可见。人马喝足之后，霸王又策马向乌江奔去。

从此，阴陵山泉，无论干旱如何，从流不断，一如既往，惠泽乡民。后人称之为“霸王泉”。

大事纪略

石杨地区有山有水，属于丘陵山区，是著名的古驿道，无数名人经过，留下无数历史印迹。从远古穷山恶水蛮荒之地，发展到今天功能齐全的现代化城镇，倾注了一代代石杨人的心血。古语云：以铜为鉴，可以正衣冠；以人为鉴，可以知得失；以史为鉴，可以知兴替。石杨在漫长岁月中发生的件件大事，不胜枚举。这里简要摘要几段旧朝悲歌、革命烽火、滁河治理等，所辑事件曾对石杨镇的政治、社会、经济、文化、民俗产生过较大的影响，也是对前文纪事的拾遗补阙。

项羽阴陵山命运转折

汉高祖五年（前 202），项羽经垓下（今安徽灵璧东南）、定远，带着部队且战且退，终于冲破汉军的重围，逃至石杨镇绰庙阴陵山处。由于大雾迷失了方向，便向一农夫问路。农夫饱受战乱之苦，视兵如仇，有意指条绝路。项羽陷于大泽中（今石杨镇绰庙社区裕民圩）吃尽了苦头。

刘邦的汉军和韩信、彭越的军队又层层包围上来，骑将灌婴以五千骑追之。项羽部下士兵越来越少，粮食也吃没了，于是项羽带着麾下壮士骑从者八百余人，乘夜溃围南出，顺着杨石巷古道往范增封地乌江古渡方向进军。

刘禹锡在《历阳书事七十四韵》中记述：“一夕为湖地，千年列郡名。霸王迷道处，亚父所封城。”唐诗人张祜游阴陵山，作《过阴陵山》诗云：“壮士凄惶到山下，行人惆怅上山头。生前此路已迷失，寂寞孤魂何处游？”明清《和州志》《历阳典录》都有记载。

戴重为反清复明绝食

明崇祯十七年（1644），戴重拔贡生廷试第一，授湖州推官。崇祯十九年（1646），因清军入关，戴重与王元震结太湖义族为一军，三失三复湖州，转战数月后受伤，被人救回石杨花园戴村，潜居马鞍寺庙内，作绝命词十五首，绝食而死。戴重在国破家亡之时与清兵誓死抗争，失败后不堪忍受“苟延残喘”的生活，绝食殉节，震动全国。

后人在花园戴迢迢谷山脚下安葬了他，并将他与两个儿子戴本孝、戴移孝葬于一处，修建了三戴墓和三戴纪念馆。

戴氏惨遭文字狱

清乾隆四十五年（1780），花园戴村村民戴世道被人告发，他已故的曾祖父戴移孝所著《碧落后人诗集》和已故的祖父戴昆所著《约亭遗诗》中有“悖逆”句，如“长明宁易得”“短发支长恨”“且去从人卜太平”等句。被乾隆认为是在怀念明朝，咒骂本朝强迫剃发，“卜太平”一句被认为是“暗指今日不太平，不然何用卜乎？”是年五月二日及六月十七日巡抚闵鹗元两次上折陈奏：查缴明末野史及国初伪妄诗文中，戴重著《河村集》属禁毁之列，其子戴移孝著《碧落后人诗集》“语多狂悖”，戴移孝之子戴昆著《约亭遗诗》亦“语类狂悖”，被认为有反清之意。

七月十四日，乾隆帝发布谕旨，将戴移孝、戴昆父子刨坟戮尸，印刻《约亭遗诗》的戴世道（戴移孝曾孙）处斩。戴用霖（戴移孝孙）、戴世德（戴移孝曾孙）、戴世法（戴移孝曾孙）秋后处斩，他们的妻子给功臣之家为奴，财产没收。为《约亭遗诗》作序的鲁之裕（已死）之子孙全部斥革。此案波及全国 12 个省达 5 个月之久。

高皇殿农民开荒地被霸占

抗日战争期间，大量灾民从巢湖、滁州、江苏等地区赶到滁河岸边开垦荒地，和县地方政府多次前往该地区征税，受到垦荒者的抵制和反抗。1934 年，高皇殿地区地主张朴存聚集乡丁插牌在开垦地上，强行霸占垦荒者的开荒地 300 多亩。垦荒者联合当地农民手持生产工具等器械进行反抗，包围了地主张朴存的庄园。时国民党政府立即派县地方武装常备队前往镇压。

1937 年杨石巷公路竣工通车

1930 年安徽省建设厅计划修筑滁巢公路，1932 年年初动工。8 月，西埠至杨石巷（今石杨）段因山区线路崎岖，工程量大，加之经费不足，处于停工状态。1935 年，由和县历阳镇土建总包头王殿林从滁县、全椒公路施工工地抽调人员临时组建施工班子承建，国民党和县政府抽调大量民夫无偿挑土运石修建路基，宽 6~7 米，泥结碎石路面，厚 5~6 厘米。1937 年全线建成通车。同年 7 月七七事变爆发，和县城防第二区区长钱正东按照国民党政府军事委员会提出的“交通破坏战”训令，毁路阻敌。

1945 年，抗日战争胜利后，出于迅速恢复交通的需要，花了一年的时间，修复了该段公路。

滁河辟谣言始末

1952年10月20日，绰庙乡流传“毛人”“水鬼”谣言，不到40天，传遍全县。此谣言来自江苏，谣言与征集民工修水利有关，目的是阻止人们去当民工，阻扰新中国事业的发展。和县县委派出干部32人，分赴各地，进行辟谣，并组织大批干部，深入石杨地区访贫问苦，说清道理，滁河流域大洪水给民众生命财产造成巨大损失，必须加以根治。最后在全县辟谣，平息了事态。

1970年中央军委追授胡业桃“模范共青团员”称号

1970年7月27日，和县革命委员会、海军党委在石杨中士李村召开万人大会，中央军委授予胡业桃“模范共青团员”光荣称号，追认他为中国共产党党员，并向全军发出号召，掀起学习胡业桃精神的热潮。在胡业桃的家乡中十李村前山坡建起一座胡业桃烈士墓，同时在村里新建一所胡业桃英雄事迹陈列馆，专门接待各界人士前来瞻仰、参观、学习。

1991 年滁河石杨受灾始末

1991 年入汛后雨水骤增，6 月 13 日 24 时，滁河水位达 14.27 米，超过保证水位 1 米，造成绰庙乡先锋圩破堤。6 月 14 日，县境普降大雨，内河水位猛涨，全县受涝面积达 43.27 万亩，防汛排涝进入紧张时期。7 月 3 日，省委书记、副省长、省军区政委亲临指导防汛。到 7 月中旬，滁河流域已淹没农田 7560 亩。8 月 13—14 日，省人大常委会主任率省直相关部门赴和县石杨等地考察灾情。9 月，上海市两批援皖医疗队分三批进驻石杨、新桥等重灾区，免费发放价值 4 万多元的防疫药品，医疗队员还自发地向灾民捐款 14250 元。

2012 年戴本孝与新安画派学术研讨会在石杨举行

2012 年 5 月 19 日，戴本孝与新安画派学术研讨会在戴本孝故里举行。安徽省文化厅副厅长唐跃，安徽省文化厅艺术处副调研员张展，中国文化传媒集团监事会主席杨开金，中国国家画院艺术信息研究中心主任王平，安徽省美术家协会副主席、秘书长班苔,《美术报》编委委员、新闻部主任潘欣信,《国画家》副编审任红伏等领导出席会议,《边缘艺术》杂志主编许宏泉，安徽省文艺评论家协会副主席、安徽美术理论研究会会长刘继潮，安徽省美术家协会副主席、副秘书长杨国新等在会上作学术发言。来自北京、浙江的美术理论学者与安徽省各市书画院院长、美术理论家、书画界同行以及和县主要负责人参加了此次学术研讨会。会议由安徽省书画院院长刘廷龙主持。

2013 年石杨镇荣获国家关工委“五好基层关工委先进集体”称号

石杨镇属于移民镇，外出打工者居多，镇政府高度重视留守儿童工作，使得外出务工者能够安心、放心，深受外出务工者和各级领导的好评。

2013 年 9 月，马鞍山市关工委转发《和县石杨镇关工委荣获全国五好基层关工委先进集体称号》，正式确定石杨镇为全国关工组织先进集体。2013 年 12 月 4 日，县关工委主任王苏妹、副主任陈学政受关工委委托，到石杨镇挂牌。

2014 年“三月三虞姬庙会”入选市级非物质文化遗产项目

石杨镇绰庙“三月三虞姬庙会”，历史沿革清晰，源远流长；与乌江之畔的“霸王庙会”遥相呼应，相得益彰。绰庙“三月三虞姬庙会”的兴起、发展过程，是研究楚汉战争、楚文化和本地民俗风情的活化石。农历三月三前后三天，参加各种活动的群众有十万之多。由于绰庙三月三虞姬庙会的集散地处于苏皖两省三县的交界处，影响力不断扩大，申报“虞姬三月三庙会”，对苏皖两省周边城镇的经济、社会发展都将起到积极的推动作用。2014 年 5 月，按照相关手续和要求，石杨镇将绰庙“三月三虞姬庙会”作为市级非物质文化遗产民俗项目进行申报，同年 11 月顺利通过专家论证和市级文化部门批准，于 2015 年 7 月挂牌。

2015 年花园戴村入选市首批历史文化名村

2014 年，石杨镇政府积极为历史文化厚重的花园戴村申报历史文化名村，经过一年时间的层层考察、考核，2015 年 3 月获批“全市首批历史文化名村”称号，同年花园戴村获评马鞍山市市级美丽乡村，2017 年申报列入省级美丽乡村建设，2018 年 8 月获省级美丽乡村验收。

2016 年滁马高速石杨段正式通车

2016 年 2 月 10 日 10 时 18 分，滁马高速和县北（石杨互通）正式通车。北沿江高速公路滁州至马鞍山段是安徽省北沿江高速公路的重要路段，也是安徽省“四纵八横”高速公路网中的“纵一”（徐杭高速）及“横六”（南通至武汉高速）的重要组成部分，本项目起于滁州市水口镇夹梗村，接规划北沿江高速天长至滁州段，必经古驿道石杨段，终于马鞍山姥桥镇接在建的马巢高速，路线全长 83.006 千米。该项目的建设对促进长江三角洲经济一体化发展、皖江产业带发展和南京都市圈发展都具有重要意义。

和县（北）石杨互通为北沿江高速公路滁州至马鞍山段预留互通，全长 1.02 千米，匝道收费站采用 4 进 6 出，项目总投资 8500 多万元。位于马鞍山市和县石杨镇东约 4 千米处，被交路为 S367，S367 与 S206 实现交通转换，为石杨镇、碧桂园、盘景水泥厂和沿线矿山企业等提供高速公路出入口，同时吸引区城路网交通并实现与 S206 之间的交通集散，有助于进一步改善当地城乡交通环境及和县北部山区旅游资源开发。

2017 年黄家洼村被评为省级美丽乡村

石杨镇黄家洼村自 2015 年以来，中心村全部由镇自来水厂集中供水，水质符合国家《生活饮用水卫生标准》，水量、水压满足群众生活需要，安全饮水普及率达到 100%。村庄每户均有卫生间，雨污水分流，另有一座公共厕所，建有污水处理站，污水处理率达到 100%。村庄电力、通信线路架设安全规范、无违章交越和搭挂。村庄有序堆放杂物，无乱搭乱建、乱堆乱放。村内路网布局合理、主次分明，主次道路宽度符合要求，全部沥青硬化。中心村建有卫生室、农家书屋、便民服务大厅、景观广场、小区景观长廊及休闲凉亭，村内道路标识标线清晰，有线电视、网络、电话均已入户。村庄道路、水体沿岸、庭院和村庄周围，绿化效果较好。村庄主干道和公共活动区域均已安装太阳能路灯，签有维护合同。村庄建立长效管护机制，由八禁村劳务有限公司委托代管。中心村培育文明新风，积极开展文明村、文明户、好儿女、好婆媳、好夫妻、身边好人等特色文明创建活动，将村规民约张贴在交通要道；开展志愿服务活动，关爱农村留守儿童、留守老人、留守妇女活动；开展群众喜闻乐见的文体活动，如篮球比赛、广场舞比赛等活动；挖掘本地八大禁等历史文化，村治安状况良好。

2016 年，石杨镇申报黄家洼村为省级美丽乡村。黄家洼中心村是由八禁村原屠庄、杨庄、石灰张、周桥四个自然村合并建设的新村，占地面积 60 亩，建筑面积 2 万平方米，共建 168 套住房（其中别墅型 120 套，小高层 48 套）。中心村做到“生态宜居村庄美，兴业富民生活美，文明和谐乡风美”，经过县、市、省多次考核评审，2017 年年初，黄家洼被评为省级美丽乡村。

2019 年花月大道被评为全国美丽乡村路

2019 年，中国公路学会组织的“2019 全国美丽乡村路”专家评审会在北京举行，经专家委员会评审，花月大道成功入选为全国美丽乡村路。

主要参考文献

〔明〕林钺修，邹壁纂：嘉靖《太平府志》。

〔明〕胡永成：嘉靖《香泉志》。

〔明〕戴重:《河村诗文集》。

〔清〕章学诚：乾隆《和州志》。

〔清〕朱大绅修，高照纂：光绪《直隶和州志》。

〔清〕陈廷桂:《历阳典录》，和州官舍刊印。

〔清〕陈廷桂:《历阳诗囿》，商务印书馆，1921 年。

《皖江抗日根据地》编审委员会:《皖江抗日根据地》，中共党史资料出版社，1990 年。

中国人民解放军战士出版社编:《星火燎原》，中国人民解放军战士出版社，1982 年。

含山县新四军历史研究会、含山县委党史研究室编:《含山抗日烽火》，安徽人民出版社，2009 年。

中共江浦县委党史资料征集委员会办公室:《江浦县革命斗争史资料专辑》，1985 年。

中共和县县委党史研究室编:《熔岩》，中国时代经济出版社，2013 年。

中共和县县委党史办公室编:《和州风云录》，安徽人民出版社，1996 年。

和县地方志编纂委员会编:《和县志》，黄山书社，1995 年。

和县地方志编纂委员会编:《和县志（1989—2005）》，黄山书社，2012 年。

《和县水利志》编纂委员会编:《和县水利志》，方志出版社，2011 年。

中共太和县组织部、中共太和县委党史办公室、太和县档案馆编:《中国共产党安徽省和县组织史资料（1927.11—1987.11）》，安徽人民出版社，1993 年。

《和县政协文史资料第七辑》，上海文艺出版社，2009 年。

许宏泉:《戴本孝》，河北教育出版社，2002 年。

《和县军事志》编纂委员会编:《和县军事志》，2011 年。

马维国:《历史名城话和州》，社会科学文献出版社，2011 年。

马维国:《和县抗战风云》，2015 年。

编后记

石杨镇虽为1949年以后成立，但是镇域包括千年古乡绰庙、金城、高关，物华天宝、人杰地灵，自古地处交通要塞，商贾接踵，经济繁荣。盛世修志，借以存史。为传承文明，增强文化自信，石杨镇党委和镇人民政府决定编纂《中国名镇志·石杨镇志》（以下简称《石杨镇志》）。

2016年9月29日和11月8日县地方志办和省地方志办分别举办了两次较大规模的业务培训，各承编单位指定了一批有较高政治素质、业务水平的编纂人员，就方志的编纂行文规范、文体文风、编写方式及资料的征集、整理等内容做了专门的培训，全镇11个行政村和50多个承编单位的编修人员参加了培训。此次培训在镇志的编修内容上作了具体指导和要求，编修人员的业务水平有了普遍提高。

由于石杨镇是首次编纂地方志，没有经验，我们通过大量调查研究，逐村逐户（包括县城、马鞍山市、江浦）召开各种不同形式的座谈会，搜集到线索上千条，征得稿件资料近10万字，涉及部门和单位50多个。并针对这些线索，到江苏省、安徽省、和县等地档案馆连续查阅了半个月的资料，对资料进行拍照、复印、归类、甄别、整理、撰写；走访上百人，鼓励亲历、亲见、亲闻的当事人动笔撰写。2017年2月，进入志稿编纂阶段，编写人员承担镇志的审核、归并、编纂工作；5月志书初稿基本完成，主编进行润色、统稿；8月聘请了当地退休中小学语文老师，进行两个月的查错、修改、质疑等；10月份主编根据他们提出的线索进行再整理、补充、润色，并根据志书的要求，组织一支专业摄影队伍进行图片拍摄；11月底，进行排版插图，同时对有疑问的地方拾遗补漏，完善资料。

2016年12月初，将《石杨镇志》上报县、市、省地方志办，已经达到省级志书出版标准，石杨镇主要负责人要求力争能达到中国名镇志出版标准。

2018年2月2日，邀请安徽省地方志办、马鞍山市地方志办、和县地方志办、中国科学技术大学宁业高教授、南京师范大学钟振振教授、安徽师范大学胡传志教授、安徽工业大学冷护基教授和一些老同志对志书进行评审。

对于专家、学者指出镇志初稿的不足之处，认认真真地推敲，经过近半年的润色和修改，将《石杨镇志》初稿报中国地方志指导小组办公室。

2018年6月，收到中国地方志指导小组办公室专家的修改建议稿，经过六轮修改后，2020年5月，再次收到方志出版社审稿意见，对书中行文进行了规范。

一本志书是一个地区的百科全书，是一项系统工程，有幸得到中国地方志指导小组办公室、方志出版社、安徽省地方志办公室、马鞍山市地方志办公室、和县地方志办公室的各位领导和专家的关心和指导，在此深致谢意！

《石杨镇志》的编纂是一项全新的工程，加之石杨镇藏在深山人未识，在编写过程中，仍有诸多未尽人意之处，敬请专家和读者批评指正。

编 者

2021年11月

中国名镇志丛书

《周庄镇志》
《第一关镇志》
《钱清镇志》
《冶源镇志》
《甪直镇志》
《同里镇志》
《三阳镇志》
《枫泾镇志》
《李庄镇志》
《天穆镇志》
《虎门镇志》
《小榄镇志》
《北庭镇志》
《青木川镇志》
《永宁镇志》
《沙家浜镇志》
《虞山镇志》
《泽国镇志》
《南翔镇志》
《千灯镇志》
《东山镇志》
《巴城镇志》
《阳澄湖镇志》
《松口镇志》
《震泽镇志》
《黎里镇志》
《浏河镇志》
《锦丰镇志》
《寨市苗族侗族乡志》
《汤池镇志》
《湾头镇志》
《中心店镇志》
《乌镇志》
《保安镇志》
《德凤镇志》
《瑷珲镇志》
《王家坪镇志》
《穆云畲族乡志》
《北京街道志》
《王村镇志》
《八一镇志》
《双林镇志》
《棘洪滩街道志》
《凤凰镇志》
《烟店镇志》
《光福镇志》
《梅李镇志》
《高家堡镇志》
《杨岭镇志》
《金港镇志》

《云梯畲族乡志》
《马口镇志》
《杨舍镇志》
《杨店镇志》
《河图镇志》
《浔中镇志》
《孤山镇志》
《汤池镇志》
《伍洛镇志》
《汤家汇镇志》
《陇城镇志》
《塘桥镇志》
《兴隆华侨旅游经济区志》
《胜坨镇志》
《来凤街道志》
《木渎镇志》
《锦溪镇志》
《黄龙溪镇志》
《店塔镇志》
《镇湖街道志》
《北七家镇志》
《瓜洲镇志》
《安仁镇志》
《浦口镇志》
《唐崖镇志》
《和顺镇志》
《老城镇志》
《里耶镇志》
《芙蓉镇志》
《博鳌镇志》
《唯亭街道志》
《重安镇志》
《垌炀镇志》
《张谷英镇志》
《鸦滩镇志》
《玉皇庙镇志》
《木洞镇志》
《采育镇志》
《下司镇志》
《德平镇志》
《龙池镇志》
《浦市镇志》
《黄楼街道志》
《冉庄镇志》
《金庭镇志》
《石牌镇志》
《元和街道志》
《古现街道志》
《光塔街道志》
《邵伯镇志》
《石杨镇志》
《杨柳青镇志》
《天桥街道志》
《柘皋镇志》
《西沱镇志》
《咸水沽镇志》
《茶阳镇志》
《崖城镇志》